司法書士試験

仕事を辞めずに一発合格する方法

河島弥生 著 / 辰已法律研究所講師 松本雅典 監修

中央経済社

監修者序文

「最も高い確率で一発合格する。一発合格できなかったら，講師失格だ。」

そう思った受講生が河島さんでした。

河島さんと最初にお会いしたのは，河島さんが合格目標とする"前年度"の本試験分析会でした。この分析会には，その年度の本試験を受験された方が参加します。河島さんは翌年度の合格目標でしたが，「絶対に合格したい」とのことで相談に来られました。まず，行動力に驚きました。

その後，学習相談でお聞きした内容。

フルタイムで働きながら1ヵ月間で140〜160時間（1週間で35時間ほど）勉強し，合格するための戦略を考え続ける姿勢。

「受かるべくして受かるだろう」と思いました。

直前期の私の指導は，「どうすれば合格できるか」ではなく，「合格するはずの人が失敗しない方法を伝えること」がメインでした。これまで，模試で上位の成績を出しながらも本試験で大きな失敗をしてしまい，不合格になってしまった方が何人もいました。その事態を避けるための指導に特に力を入れていました。河島さんは，それだけ，直前期に入った時点で仕上がっていたということです。

なぜ理想的な受験勉強ができ，合格を果たすことができたのかは，この本に書いてあります。「すごい人の勉強法だから自分にはできないかも」と考えるのではなく，「自分もすごい人になろう」と考えて読んでください。皆さんは，司法書士試験に合格しようとしているのですから。

辰已法律研究所専任講師
松本雅典

はじめに

「ついに終わったんだ」

　2023年7月2日午後4時，私の司法書士試験受験生活は幕を閉じました。心臓はドクドクと鳴り続け，ペンを握る手にはじんわりと汗をかいていました。

　今でも忘れられない人生の1コマです。司法書士試験の受験生だった約20ヵ月は，私の人生で最も努力した日々でした。仕事をしながら受験勉強を続けることはとても苦しく，泣きたくなるような焦燥感にかられることも多々ありました。それでも，あのときの努力が人生の中で最も輝いていたと思えます。

　この20ヵ月を振り返ってみると，司法書士資格だけではない，かけがえのない「財産」を手にすることができたと感じています。仕事をしながら合格する道のりは簡単ではありませんでした。その苦しさの中で学んだこと，得たものは私の人生を豊かにする素晴らしい「財産」だったと確信しています。

　司法書士試験の勉強を始めたとき，私は法律系の資格を持っておらず，完全な法律初学者でした。それでも，仕事をしながら20ヵ月の受験勉強を続け，2023年の司法書士試験に「総合13位」という成績で合格することができました。平均受験回数4回ともいわれる難関国家資格を，仕事を続けながら上位で合格できた理由は「正しい戦略」があったからだと考えています。

　近年，司法書士試験の傾向は大きく変わりつつあると感じます。これまで専業受験生が多かった試験ですが，最近では兼業受験生の割合が高く，

仕事や子育てなどと両立されている合格者が増えているようです。予備校の兼業受験生を対象とした講座も以前よりだいぶ増えたという印象です。

　合格率５％と聞くだけですべてを犠牲にして土俵に上がらなければ勝てない試験という印象を受けるかもしれません。しかし，決してそうではありません。この試験はすべてを犠牲にして戦うような難しい試験ではないのです。

　正しい受験戦略があれば，仕事や子育てをしながら合格することが可能です。「二兎を追う者は一兎をも得ず」ではなく，「二兎を追う者は二兎をも得る」ことができます。そのための戦略をこの本にまとめました。

　私自身が，この試験と戦うすべての兼業受験生の皆さまの励みになるような存在でありたいと願いを込め，この１冊を完成させました。本書を通じて，皆さまの受験生活がかけがえのない日々になること，そしてその先で「合格」を勝ち取ることを心より祈念いたします。

　　　　　　　　　　　　　　　　　　　　　　　　　　　河島弥生

目　次

- 監修者序文・i
- はじめに・ii

序　章　二兎を追って二兎を得る！
これが司法書士試験に「勝てる」受験生 ―――― 1

　　1　受験生としての戦闘力＝思考法×実行力×管理で決まる・2
　　2　司法書士試験の概要と傾向・4
　　松本講師のアドバイス：司法書士試験の勉強法に合わせる・8

第1章　準備の心得 ―――――――――――――― 9

　　1　思考法を決める　感情と思考を制したものが司法書士試験を制する・10
　　2　合格最短ルートを探す　予備校なのか独学なのか・12
　　3　勉強ロードマップを作成する・19
　　松本講師のアドバイス：スケジュールをどう立てるか・23

第2章　助走期（勉強開始から最初の3ヵ月）―――― 25

　　1　スケジュールの立て方・26
　　2　勉強習慣を作る・32
　　3　テキストと過去問の効率的活用方法・34
　　4　社会人の時間活用術・44
　　5　受験生活と脳疲労・47

6　受験生活とSNS・51
　　7　計画，実行した後に大切なのは「管理すること」・53
　　コラム　この時期遭遇した壁の乗り越え方：孤独感と果てしない道のりへの絶望感・55
　　松本講師のアドバイス：別の世界に入るということ・56

第3章　加速期 ─────────────────────── 57

　　1　記述式の勉強方法・58
　　2　お試し受験のススメ・67
　　コラム　この時期遭遇した壁の乗り越え方：自分の成長具合がわからない・70
　　松本講師のアドバイス：音声学習・ケアレスミス・お試し受験・71

第4章　直前期（試験3ヵ月前）─────────────── 73

　　1　最速で全科目を回転させながら知識の穴を埋めよう・74
　　2　模試や答練の活用術・78
　　3　直前期は毎日完全燃焼する・83
　　4　メンタル対処法・85
　　コラム　この時期遭遇した壁の乗り越え方：頻繁なエネルギー切れ・88
　　松本講師のアドバイス：上位4〜5％の努力・89

第5章　超直前期（試験1週間前）と決戦日 ─────────── 91

　　1　より最速で全科目を回転させて知識の穴を埋めよう・92
　　2　会場を徹底的に分析しよう・94
　　3　試験前日・当日の過ごし方・96

4　午前の部のコツ・99
　　5　午後の部のコツ・101
　松本講師のアドバイス：本試験の準備・109

第6章　誰でもすぐ実践できる勉強法 ———————— 111

　　1　ホワイトボード勉強法・112
　　2　過去問から定番のひっかけ肢を読み解く・114
　　3　プレゼンテーション勉強法・115
　　4　タイムアタック勉強法・116
　　5　目次勉強法・118
　　6　図表の効果的暗記方法・121
　　7　ひとり合宿勉強法・123
　松本講師のアドバイス：採り入れたい勉強法・124

・司法書士試験を終えて〜難関資格取得は人生を変えるのか・125

序 章

二兎を追って二兎を得る！
これが司法書士試験に「勝てる」受験生

1　受験生としての戦闘力
　　＝思考法×実行力×管理で決まる

　兼業受験生として「最短最速でゴールまでたどり着く」ためには，勉強方法だけを工夫すればよいというわけではありません。
　勉強法だけ工夫しても，結局ほかの法律知識が豊富な受験生や，圧倒的な勉強量で対抗してくる専業受験生と差をつけることは難しいのが実情です。
　兼業受験生は専業受験生と比べて，仕事などの負荷もあり，勉強できる時間は限られています。だからこそ，**私は知識の精度を高める勉強方法だけではなく，勉強に向き合う際の「思考法」，「実行力」，「管理」を徹底しました。**
　そうすることで，**確実に安定的に結果を残していくことができる**と考えたからです。

■**思考法**

　ここでいう思考とは，受験に対する「考え方」です。司法書士試験受験生として勉強をどう捉えるか，よくない結果が起きたときどう考えるか，あらかじめ「考え方のルール」を決めておくとよいと思います。
　もちろん人間ですから，受験生活中は様々な出来事に心や感情を揺さぶられると思います。常に前向きでいることはとても難しいことです。
　ただ，その際にあらかじめ自分の中で「考え方のルール」を決めておくことで，気持ちに振り回されずに淡々と勉強を続けることができます。受験生活中に避けたいのは，何度も気持ちがブレてしまうことなのです。
　気持ちがブレてしまうと，それに連動して行動がブレてしまいます。特に兼業受験生は，外的要因に引っ張られてしまうことが多くあるでしょう。そのたびにブレてしまうことは時間の無駄になりかねません。
　私は，自分自身の思考を意図的にコントロールしていたので，感情や気

持ちがブレたときも勉強を止めたことはありませんでしたし，すぐに切り替えて前を向くことができました。

　私が受験生活中，どのような思考をしていたかは次章以降で具体的に記したいと思います。

■実行力

　次に，「実行力」です。私の受験生活中における自分の強みは間違いなく実行力でした。

　司法書士試験を受けるにあたって，私はこれまで私が貫いてきた私なりの勉強方法をすべて捨てました。勉強に対するプライドも捨てました。**この試験にはこの試験の戦い方がある**と思ったからです。

　まっさらな気持ちでこの試験と向き合うことを決めていたので，なんの迷いや疑いもなく様々なことに挑戦できたと思っています。私は，合格体験記で書かれていた勉強方法や，受講していた講座の講師である松本先生から教えていただいた勉強法は一通り実行しました。実行する中で試行錯誤し，改善を繰り返してきたからこそ，私にとっての最適解の勉強法にたどり着くことができました。

　せっかくこの本を手にしてくださった方も，読んで終わりにするだけではなく，いいなと思った勉強法や思考法を何か１つでも実行に移してくだされば幸いです。

■管理

　最後に「管理」についてです。管理に関しては，勉強と生活の両面が必要になります。

　勉強面に関していえば，受験勉強をする際に「１日最低３時間は勉強する」，「１日何ページのテキストを進める」，「１日何問過去問を解く」など個々の目標があると思います。私は自身の設定した目標に対する振り返りを必ず行い，記録を取っていました。

分野ごとの正答率や弱点などの記録は直前期にとても役に立ちます。限られた時間の中でどの分野に自分自身の戦力を投下するかの判断は，自分自身の強みや弱みを細かく分析した上で行います。その分析の際に必要となってくるのはこれまでの自分自身の記録なのです。

　生活面に関しては，受験期間中の睡眠時間や，余暇に充てる時間を管理しました。睡眠時間は必ず6時間は確保することを心がけ，健康管理も徹底していました。そして，余暇の時間も適度に設けることでメンタル面の健康を維持するようにしていました。

　自分自身がエネルギー切れを起こしそうになったら，どう対処するかもきちんと把握した上で，受験生活を送っていました。受験生活という大きな山を乗り越えるには，心身両面で自分自身を労わり，励ますこともまた重要です。

　私が受験生として意識していたことは勉強方法に加えてこの「思考法」「実行力」「管理」の3点です。これらの要素を常々意識し，バランスをとっていくことが重要なのです。

　次章以降でご紹介する私の戦略は，この3つの視点に基づいたものになります。

2　司法書士試験の概要と傾向

　ここでは，司法書士試験の概要について簡単に説明します。具体的な「敵」を知ることは正しい戦略につながります。

　すでに全科目の学習経験があり，試験自体の概要を把握されている方は，飛ばしていただければと思います。

■日程

　司法書士試験は年に1回，7月の第1日曜日に筆記試験が行われます。

筆記試験の合格者は口述試験が行われますが，口述試験で落ちることはほぼないので，司法書士試験といえば筆記試験のことを指すことが多いです。

■**出題範囲**

・**午前の部**（午前9：30〜11：30）
択一35問（配点1問3点・計105点満点）
　憲法3問　民法20問　刑法3問　会社法9問
・**午後の部**（午後1：00〜4：00）
択一35問（配点1問3点・計105点満点）
　民事訴訟法5問　民事保全法1問　民事執行法1問　司法書士法1問
　供託法3問　不動産登記法16問　商業登記法8問
記述（2問・140点）
　不動産登記法　商業登記法の各1問ずつ

　上記11科目の出題範囲のうち**民法・不動産登記法・会社法・商業登記法が主要4科目**とよばれ，**それ以外の科目はマイナー科目**とよばれています。民事保全法や民事執行法などの一部のマイナー科目は1問しか出題されないなど，マイナー科目の配点比重は主要4科目に比べると相当低くなります。

　11科目と聞くと，出題範囲が膨大なように見えますが，バランスよく勉強を続け，科目を連鎖させながら効率よく知識を拾っていくことができればそれほどの量ではないと思います。たとえば，数学の知識は社会で生かすことは難しいかもしれませんが，司法書士試験の出題範囲の11科目は，すべて法律に関する科目です。**根底には共通するリーガルマインドが存在します**。たとえば，民法の考え方を不動産登記法で活かすことができるなど，この試験範囲はすべて繋がっています。知識と知識の連鎖を利用し，効率よく学習することが大切です。

■ **採点方法**

　司法書士試験の少し複雑な点がその採点方法です。午前の部の択一式・午後の部の択一式・記述式の3つに「基準点」が設けられています。基準点とはいわゆる「足切り点」です。この基準点を1つでも越えなければ採点はされません。**この3つの基準点をクリアして，はじめて採点され，その中で合格点をクリアした上位600～700人程度が合格者となる**のです。つまり，この試験では得意科目で点数を稼ぎ，不得意科目は最低限必要な点数を狙うといった，試験における王道戦略を立てることはできません。

　午前の科目で満点をとっても，午後の科目で基準点以下であればその時点でゲームオーバーになってしまうのです。これが司法書士試験を厳しいものにしている1つの要因といえるでしょう。

■ **上昇した合格率**

　司法書士試験の合格率は平均3～5％とかなり低いです。しかし，下記の合格率の推移を見ると，合格率は2020年度を境に上昇傾向にあります。ごくわずかな上昇に見えるかもしれませんが，**これまでの合格率であれば**

●受験者数と合格者数の推移と割合●

年度	受験者数	合格者数	合格率
2023	13,372名	695名	5.20％
2022	12,727名	660名	5.18％
2021	11,925名	613名	5.14％
2020	11,494名	595名	5.17％
2019	13,683名	601名	4.39％
2018	14,387名	621名	4.31％
2017	15,440名	629名	4.07％
2016	16,725名	660名	3.94％
2015	17,920名	707名	3.94％

不合格圏内にいた約200人の受験生が合格圏内に押し上げられたことになります。
　つまり、司法書士試験は以前に比べ、受かりやすい試験になったのです。数十年前までであれば、司法書士試験は寝る時間以外のすべての時間を勉強に費やさないと受からないといわれていましたが、今は状況が大きく変わったといえるでしょう。合格率が上昇したことで、仕事を辞めずとも合格できる可能性が多くの人にある試験へと変化しているのです。

松本講師のアドバイス

司法書士試験の勉強法に合わせる

　「これまで私が貫いてきた私なりの勉強方法をすべて捨てました。……この試験にはこの試験の戦い方がある」

　この考え方は，すべての受験生の方に真似をしていただきたいです。もちろん，これまでのご自身の勉強法とこの試験の勉強法が同じであれば，そのままの勉強法で構いません。しかし，異なるのであれば，いったんご自身の勉強法は脇に置いて，この試験に合わせた勉強法を実践してください。この試験に合わせてください。試験というものは，それぞれ違いがあります。その試験ごとにほとんど確立された勉強法がいくつかあります。そのどれかに"乗っかってしまう"のが一番手っ取り早いです。そして，早く合格できます。

　これに加えて重視していただきたいのが，「管理」です。1～2年の長丁場の戦いになりますので，正しい勉強法を実践しているのであれば，あとは自己管理ができれば合格できます。

　「睡眠時間は必ず6時間とっていましたし，健康管理も徹底していました。そして，余暇の時間も適度に設けることでメンタル面の健康を維持するようにしていました。」

　このように勉強できれば理想的です。睡眠がすべての元になるので，6～7時間は確保してほしいです。受講生の方から，試験勉強中に「大きく体調を崩してしまった」，「メンタルが落ちてしまった」といったご相談を頻繁に頂きます。完全に防止することはできませんが，試験勉強中，いかに体調やメンタルを崩さないようにするかを考え続けてください。受験生の方は，"アスリート"です。アスリートは，資本である自身の身体を追い込むと同時に，いかに怪我をしないかを考え，メンタルコントロールもしていきます。受験生の方も，自身の身体が資本であることは同じです。アスリートになったつもりで，身体とメンタルについて考えていきましょう。

第 1 章

準備の心得

1　思考法を決める
　　感情と思考を制したものが司法書士試験を制する

■社会人にとって資格試験の勉強とは

　私にとって司法書士試験の勉強は仕事の１つでした。これは実際に，会社から資格取得をすすめられた，とかそういう話ではありません。勉強に対する意識の持ち方です。受験期間中は，本業が会社員，そして兼業として司法書士試験の受験生をやっているような心持ちでいました。

　将来，司法書士として独立開業をする夢があったので，資格取得はそのための資本作りの１つでもあると思っていました。実際に司法書士としての独立・開業は他業種の起業に比べると立ち上げにかかる初期コストが非常に低いです。その代わり資格を取得しなくてはいけません。勉強はいわば独立開業のために必要な業務の一種なのです。私が勉強は仕事の１つだという意識を持ちながら司法書士受験を続けられたのは，このように勉強の先にある将来像を具体的に想像していたからだと思います。

　勉強を仕事だと思っていたので，あまりモチベーションや感情などに振り回されることなく，20ヵ月勉強を続けられたと思っています。また，仕事のように適度な義務感と強制感を持ちながら勉強を続けてこれました。

　仕事はどんなにやる気がなくても，必ずやらなくてはならないものです。モチベーションが上がらなくても向き合っていかなくてはいけません。勉強も同じでした。やると決めたからやるものであり，ただ淡々と結果が出るまでやるというのが私にとっての勉強の位置づけでした。

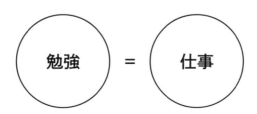

■自責思考のススメ

　私は受験期間中に1つ決めていたことがあります。それは「この受験生活において，常に自責思考でいよう」ということです。何か嫌なことが起きたときや結果が出ないとき，人間ですので，どうしても自分以外の何かのせいにしてしまうことがあります

　私も受験生活中に，他責思考をしてしまったことが何度かありました。失敗に対して，「仕事で疲れていたから」「寝不足で体調が良くなかった」「問題が良くない」など様々な理由で自分自身を守りたくなったことがありました。しかし，他責思考をしたところで一瞬気が楽になるだけで，合格には一歩も近づかないと気づきました。

　そうであれば，失敗に対して原因をしっかりと分析し，自分自身の改善点を洗い出し，「テキストの回す順番を変えよう」「過去問の比重を下げよう」などの解決策を考えたほうが遥かに合格に近づくと思ったのです。「一瞬気が楽になるだけの他責思考」と「合格に近づく自責思考」この2つを天秤にかけ，受験生活中は常に自責思考のスタンスでいようと心に誓いました。**受験生活の手綱を握るのは自分しかいないのです。**

■勉強に対するプライドをいったん捨てる

　司法書士試験の受験生の中には，行政書士試験や宅地建物取引士などの他資格の試験に短期で合格した方や，過去に何かしらの合格実績がある方が多くいらっしゃると思います。

　私は，法律関連の資格は一切保有していませんでしたが，これまで大学受験などで養ってきた過去の勉強経験が多少はありました。しかし，前述したように，過去の勉強方法はいったん捨てました。この試験にはこの試験の戦い方があるからです。

　自分のやり方やこれまでの成功体験にこだわってしまうと，この試験における正しい努力の方向性を見失ってしまう危険性があると思いました。

これまでの小さな成功体験は自分の自信として心にそっとしまい，新しいスタートを切る気持ちでこの試験に向き合うことにしました。

　たとえば，これまで私は知識を暗記するとき，書いて覚えていました。書いて覚えることが一番記憶に定着すると思っていたからです。しかし，司法書士試験で書いて覚えたことはありません。松本先生のご指導の元，テキストを読みながら記憶するやり方に自分自身を矯正しました。**常にやり方を試験に合わせて修正していく柔軟性を持つことが，自分自身の成長スピードを加速させることにつながりました。**

2　合格最短ルートを探す　予備校なのか独学なのか

■予備校向きか，独学向きか。特性をしっかりと把握する

　法律初学者の方が試験を最短最速で効率的に合格することが目的であれば，司法書士試験は予備校を利用すべきだと思います。知識が０の状態から手探りで勉強を始めることは非効率的だと思います。

　しかし，中には独学で挑戦したい方も多くいらっしゃるでしょう。私は予備校利用者ですが，周りには独学で合格した合格者を何人も知っていますし，松本先生も独学合格者です。近年は司法書士試験に関するテキストが充実しているため，独学での合格も十分に可能だと思います。

　ただ，独学で合格した方の方法論をそのまま実践すれば合格できるかというと，そうではないのが実情ではないでしょうか。**大切なのは，独学合格した方の方法論を知ることよりも，独学合格者の特性を把握することだ**と思います。独学合格者の方にお話を伺うと，その方法論は様々で，これといった共通点はありませんでした。一方，性格やバックグラウンドなどに共通する特性を見つけました。

> **独学で合格した方の共通点**
> □テキストの重要箇所を把握するのが上手
> □勉強慣れしている。
> □情報収集能力に長けている。

　まず，1つ目の特性ですが「テキストの重要箇所を把握するのが上手」ということです。過去問を解くことで頻出論点と問われ方を正確に把握し，テキストにそれを反映させて下線を引くことができるということです。

　2つ目に挙げられる大きな特性は，勉強経験が豊富であることです。これまでに他資格の受験経験や勉強経験があるなど，勉強することに慣れている方が多いです。勉強に慣れているとは，「結果が出ない期間もひたすらに勉強を続け，前に進むことができるバイタリティー」があり，試験日から逆算してスケジュールを立てることができるなど「勉強に関する舵を切る主体性」があることを指します。勉強経験が豊富である方は，勉強におけるメンタルが強いと思います。それは独学をする上での最強の武器だなと思います。

　そして3つ目の特性は，情報収集能力があることです。法律は改正が行われるものですし，司法書士試験も年度によって出題傾向があります。午後の部において，不動産登記法の択一式が難化する年もあれば，商業登記法が難化する年度もあります。適宜，予備校や講師の発信を追いかけ，すぐに勉強に反映させることができるなどといった，情報収集能力も高い方が独学合格者には多いです。

　それ以外にも，黙々と1人で物事を進めていくことを好む性格であるかどうかなども影響していると思うので，**独学を選択するか，予備校を選択するかは，ご自身の特性に合わせて決断したほうがよいでしょう。**

　私は予備校を利用しました。理由はいろいろとありますが，「費用対効果」で受験全体を捉えていたことが大きな要因だと思います。どの予備校の基礎講座も価格帯は30万円〜50万円と，決して安い買い物ではありません。

それでもその全額を払うことで，大枠のスケジューリングを提供して貰えたり，知識に対する的確なランク付けを知ることができるなどの価値を得られるのであれば，費用対効果が高いと思い予備校を選びました。
　また，私は細々とした事務作業が苦手な面倒くさがり屋な性格だったので，そういった作業はなるべく省略し，知識をインプットする時間を増やしたかったのです。

■予備校の講座選びで重視すべきポイント

　では，予備校の講座を選ぶ際にどんな視点を大切にすべきかを述べます。予備校の講座を選ぶ際の重要チェック項目をまとめました。

●予備校の講座選びにおけるチェックリスト●

テーマ	チェック項目（1項目1点）☆は重要ポイント	A予備校	B予備校	C予備校
合格実績	☆合格者の数を毎年公表しているか			
	☆豊富な合格体験記があるか			
教材	教材は網羅性の高いものであるか			
	文字の大きさやレイアウトなどは使いやすいか			
講師・授業	☆講師と二人三脚で合格を目指していきたいと思えたか			
	☆1回の授業で理解することができるか			
	講師の話し方やスピードなど相性が合っていると思えたか			
	法改正などの補講がきちんと実施されているか			
スケジュール	☆仕事を続けながらこなせるスケジュールか			
	インプット講義は試験日の3ヵ月前までに配信を終えているか			
サポート体制	質問に関して返答のスピードがある程度早いか			
	チューター制度など勉強に関する相談がしやすいか			
	年間の授業料に関する明確な説明があるか			

予備校の講座を選ぶ際に，合格実績で選ぶ方も多いと思います。合格実績もとても大切な判断基準ではあるのですが，合格実績の高い講座に入れば，だれでも必ず合格できるというわけではありません。その講座で，**自分自身の能力を最大限に発揮できるかどうかが大切**なのです。そのためには，合格実績だけではなく，教材や講師・講義などの面からもご自身の性格や特性に合っているかの判断をする必要があります。

- **合格実績**

講座ごとに何名合格をしたかをきちんと発表していると信頼度が高いでしょう。具体的な合格者の数を発表していない場合は，合格体験記を読み，毎年一定数の合格者を輩出しているかを確認する必要があります。合格体験記から，どういった属性の方が合格しやすい講座であるかも知ることができます。

- **教材**

網羅性が大切になります。掲載されている知識だけでは試験範囲をカバーできない場合，再度教材を追加する必要があり，非効率的になってしまう危険性があります。また，講座の中には配布物が多い講座もあるため，なるべく情報がテキストに集約されているかを確認する必要があります。テキストで知識を確認する際に情報があちらこちらに散らばっていると非常に非効率的です。

- **講師・講義**

一度無料講義を視聴することをオススメします。ほとんどの予備校で初回講義を無料配信しています。無料講義を視聴し，講師の説明が一度で理解できるかどうかも確認するとよいでしょう。また，話すスピードなど，聞き心地がよいかどうか，聞いててワクワクする講座を選ぶのがよいと思います。

- **スケジュール**

兼業受験生として無理なく続けられるスケジュールかどうかが大切です。私は，週に2コマ，計6時間の講義を視聴するスケジュールでした。週に

6時間の講義であれば，仕事を続けながらでも無理なくこなすことができました。それ以上多かったら，途中で挫折していたかもしれません。

- サポート体制

ライブ講義の場合は，直接講師の方やスタッフの方に質問ができるので，疑問点をその場で解消することができますが，WEB講義ではその場で解決することは難しく，メールなどで予備校に質問を送ります。その際のレスポンスの速さを確認しましょう。わからない箇所をなるべく早く解決できる環境が整っていればストレスなく勉強を続けられます。また，何か勉強での迷いや悩みがあった際には，すぐに相談に乗ってもらえる体制が整っているかなども確認しておくとよいです。

　最終的には，前掲の予備校講座選びチェックリストを活用し，すべての項目に点数をつけて，総合点が一番高い講座を選ぶとよいかと思います。**自分の中で譲れない判断軸をもつこともオススメ**です。予備校の講座を選ぶ際，どうしても「合格率」にばかりに目がいきがちですが，**大切なのは講座との正しいマッチング**です。

　受験生の中には，合格率が高い講座を選んで勉強をつづけたけれど，なかなか合格できなかった。そこで，講座を変えたらすぐに合格できたなどといった経験はよく聞きます。**予備校の講座選びとは合格までの最短距離を自分自身で決めること**なのです。手間を惜しまずにリサーチを行うとよいと思います。

　私は，予備校の講座を選ぶ際，このリストの中で「講師・授業」の判断軸を最大限に重視しました。講師ブログを読み，松本先生のこの試験にかける強い信念を感じました。その信念についていけば間違いなく合格できるだろうと確信したのです。

　そして無料講義を通じて，合理的で無駄のない講義形式が，せっかちな自分自身の性格に合っていると思いました。もし，ここで自分自身と合わないと感じる講座を選んでいたら，こんなに短期間で合格できていなかっ

たと思っています。それほどに講座選びは大切なのです。皆さんも自分自身とマッチする講座を選ぶことを願っています。

■予備校はオンラインか通学のどちらを選ぶべきか

　受験生が予備校通学を選んだ場合，オンライン講義を聴講するか，予備校に通学し生講義を聴講するか，迷うと思います。私は，**一発合格したいのであれば，オンラインでの受講をオススメ**します。オンラインで講義を視聴するほうが効率的だからです。

　オンライン受講のメリットの１つ目に，オンライン講義は自分自身の好きなときに視聴できるので，時間に縛られないという点が挙げられます。一方，通学としてしまうと毎週曜日が固定されてしまい，仕事や子育てなどとの兼ね合いが取りづらいです。

　そして２つ目に，オンライン受講であれば通学する労力と時間を他の勉強に回せるメリットがあります。予備校に通うとなると，通学にはそれなりの時間と労力が必要です。オンライン受講であればその必要はないので，その時間を効率よく勉強に使うことができます。

　３つ目に，講義でわからない部分があったときに聞きなおしができる点です。生講義であれば，わからない部分があっても，講義は先に進んでしまいます。一方，オンライン受講であればわからない点はその場ですぐに聞きなおしができるため，講義に対する理解が深めやすいと思います。この点がオンライン受講の最大のメリットであると思います。私は，講義はなるべく倍速はせずに，１回で理解するように努めていましたが，どうしても苦手な部分は再度２倍速で聞きなおしていました。倍速で聞ける点に関してもオンライン受講の大きな魅力といえるでしょう。

　もちろん，通学で生講義を聞くメリットもあります。通学することでモチベーションを維持しやすく，講師にも直接質問を投げかけやすいです。しかし，現在は多くの予備校で質問を受け付けるフォローアップ制度も整えられています。私の場合はメールで質問を送っていたのですが，自分自

身の疑問点をメールの文章に落とし込むことで，より理解が深まりました。また，モチベーションに関しても，オンラインで受験仲間を作るなどの代替手段をとることも可能です。これらのことから，できる限り予備校の講義はオンラインで視聴することをオススメします。

> **まとめ** 講義のオンライン受講のメリット
> □自分のスケジュールに自由に授業を組み込める。
> □通学する労力と時間を勉強に回せる。
> □わからない部分を聞きなおしができる。

■合格目標年度をいつにするか

　私は，予備校の講座を選ぶときに，8ヵ月後の2022年を合格目標とするコースか，20ヵ月後の2023年合格を目標にしたコースを選ぶかで随分迷いました。もちろん，専業受験生であれば1年以内の短期合格を目標にするべきだと思います。しかし，私は仕事を続けながら勉強をする予定でしたので，"実現可能性"からどちらの講座かを選ぶ必要がありました。無理をして短期合格のコースを選ぶよりも，ある程度時間に余裕があるコースを選んだほうが結果的に最短距離であるかもしれないと思いました。

　司法書士試験は，法律初学者で勉強を開始した場合1,500時間程度で合格レベルに乗る試験です。もちろん合格レベルに乗るだけなので，確実に合格するためにはもう少し勉強を積み重ねたほうがよいとは思います。これはあくまでも判断の目安として使って頂きたい数字です。

　そして，自分自身が週にどの程度の勉強時間を確保できるかを計算します。このとき，あまり無理をせずに続けられる時間を想定したほうがよいと思います。1,500時間をそれで割ると，どの程度の日数で合格レベルに達することができるかがわかるので，それを合格目標年度を考える目安にするとよいでしょう。

> **まとめ** 合格年度の定め方
> □兼業受験生は無理して最短コースを選ばない。
> □1,500時間は合格レベルに乗るための最低の勉強時間

3 勉強ロードマップを作成する

■合格体験記の活かし方

　私は，勉強を開始したときに，様々な予備校の合格体験記を読みました。ネットにあるものは，大体は制覇したと思います。では，私が合格体験記をどう活かしたかをご紹介します

　まず，受験生活を始めるにあたっては「**具体的なゴールを想像する**」ために読みました。受験勉強を始めた当初，私はとても無知だったので自分自身の今後20ヵ月がどう変化していくのかを想像できませんでした。そのため，平日の過ごし方や休日の過ごし方，受験中どのような悩みに遭遇し，どう乗り越えてきたのかなど，今後の生活がどう変化するのかをイメージするために読みました。なるべく自分自身とライフスタイルや環境が近い方の合格体験記を優先的に参考にしていました。そして，今後の生活の変化の予想をある程度たてることで，まだ見ぬ長い道のりに対する恐怖心を拭うことができたと思います。

　次に，受験生活に向き合った「**合格者の覚悟を知る**」ために読みました。合格者の数だけ，そこに人生と物語があります。たった数ページの合格体験記から，そのすべてを感じ取ることは難しいかもしれません。それでも，この試験と戦ってきた道のりの中で，決断したことや諦めたことが多かれ少なかれすべての合格者にあると思うのです。私はその覚悟に想いを馳せながら読みました。合格者の皆さんがこの試験にかけた覚悟や想いを知ることが，この試験と戦う原動力となりました。

3つ目に，「**勉強方法を知る**」ために読みました。ピンときた勉強方法に関しては，1回は試してみることをオススメします。もちろん，すべてに手を出すわけにはいかないので直感を頼りに絞って試してみることも大切です。そして，選んだ勉強方法を1ヵ月は継続することです。合わない勉強方法であればやめたほうがいいと思いますが，基本的には，1回決めた勉強法は継続してみることが大切です。

　そして4つ目に，「**苦しくなったときの心の支え**」として合格体験記を読んでいました。心に響いた合格体験記をあらかじめいくつか選んで，スマートフォンのお気に入りフォルダに保存していました。私が苦しいように，この合格者の方も苦しかったんだと思うと励まされ，力が湧いたからです。会ったこともない，顔も知らない合格者の方の言葉が私には何よりの心の支えでした。仕事も勉強もうまくいかなかったとき，通勤の電車の中で必死に涙をこらえながら合格体験記を読んだこともあります。合格体験記の向こう側にいる合格者の方とは，時間軸は違っても，私には同志のような存在でした。このように合格体験記は，受験生活中を通じて自分自身の「お守り」として活かすこともできます。

　合格体験記は知識の宝庫だと思っています。合格体験記を勉強方法を知るためだけのツールとして捉えるのは，あまりにもったいないと思っています。せっかく，ネットに多くの合格体験記があるのですから，是非一度目を通してみてはいかがでしょうか。

まとめ　合格体験記の活かし方

□ 合格という具体的なゴールを想像する。
□ 合格者の覚悟を知る。
□ 合格者の勉強方法を知る。
□ 苦しくなったときの心の支え。

■フェーズを分け，それぞれの達成目標を決める

　合格体験記を通じて，最終ゴールを具体的に想像した後は**受験生活を3つのフェーズに分割し，期間ごとに達成目標を決めました**。「合格」するためには，何月までにどの程度の実力を養うべきなのかをざっくりと決めれば，受験生活の途中で迷子になることを避けられます。

　私は，2021年の10月に受験勉強を開始したので，試験日の2023年7月までの約20ヵ月を3つのフェーズに分け目標設定を行いました。

●私が設定した本試験の目標●

時期	目標	使用教材
フェーズ1（インプット期） 2021年10月～2023年3月	全科目7割の知識をインプットし終える。	・予備校の授業 ・テキスト ・過去問
フェーズ2（直前期） 2023年4月～2023年5月	過去問・答練・模試で演習を増やす。 テキストの知識の精度を上げる。	・テキスト ・過去問 ・模試と答練 ・年度別過去問
フェーズ3（超直前期） 2023年6月	弱点の強化と総仕上げ。	・テキスト ・過去問 ・年度別過去問

　フェーズ1（インプット期）では**全科目の知識を一通り1周**することを目標にしていました。この期間は，授業を視聴してその範囲の過去問を一度だけ解いていました。私は予備校から提供されたカリキュラムに沿って授業を聴講していたので，このフェーズ1が一番長くなっています。仮に，試験日まで時間がない方はこのフェーズ1をなるべく早めに終わらせることをオススメします。

　フェーズ1においては，知識のインプットを完璧にすることを目標にするのではなく，6～7割のインプットを目標にしていました。この時期に

大切なのは**完璧主義ではなく，達成主義になること**です。わからない分野で二の足を踏まずに，ざっくりと前に進む**大雑把さも大切**です。あまりペースを乱さずに淡々と授業やテキストを消化していくのが理想です。

　すべての講義が終わった後のフェーズ２（直前期）では，**過去問を中心とした科目ごとの演習を増やします**。全科目の過去問を頭から解きなおし，インプットした知識を引き出す訓練を行います。それと並行し，テキストの知識のインプットが６割であれば７割へ，７割であれば８割へと，精度を高めることを意識していました。

　またこの時期は，週末に行われる答練や模試で**試験全体の演習**を行います。いわば，総合演習のようなものです。答練・模試を通じて時間配分や解く順番など具体的な戦術も身につけました。ここでは，合格点をコンスタントに叩き出せたら理想的です。ここで合格レベルに乗っておくと，最後の総仕上げのときに心に余裕が生まれ，さらに走るスピードを上げることができる良い循環が生まれます。

　フェーズ３（超直前期）は**最後の総仕上げ**になります。11科目の知識を高速で回しながら，細かい弱点を克服していくフェーズです。私は答練や模試の結果，そして過去問の正答率を参考に，点数が安定しない科目の穴埋めに時間を使いました。超直前期は11科目を全体で回しながらも，１科目１科目の弱点の穴を埋める細かさも大切です。ここでは，フェーズ１での大雑把さは捨て，少し神経質に知識の補強を行っていました。

　司法書士試験は，全体的にこのような流れで進んでいきます。それぞれのフェーズでどのようなことを意識していたかは，この後の章でご紹介したいと思います。

松本講師のアドバイス

スケジュールをどう立てるか

　スケジュールを立てない受験生の方もいますが，スケジュールを立てることは必須です。目標やノルマがないと，「今日は，このあたりまででいいか」と自分に甘くなり，合格が遠くなります。

　スケジュールは，「大枠のスケジュール→細分化したスケジュール」の順で立てましょう。細分化したスケジュールから立ててしまう方がいますが，大枠のスケジュールがないと，いつまでに，どこまで進めればよいか，どのレベルまで到達すればよいかを考えることなく勉強をすることになってしまいます。受験生活の期間を3つのフェーズに分け，フェーズごとの到達目標を立てた河島さんは，まさにこれを実現できています。大枠のスケジュールを立てたら，「1週間のスケジュール→1日のスケジュール」と細分化したスケジュールを立てていきます。

　「達成主義」という言葉が出てきましたが，私は「完了主義」といっています（どちらもほぼ同義です）。完璧主義と比較して，このようにいっています。完了主義とは，完璧を目指すのではなく，決めたノルマを終わらせる（完了させる）ことを重視する考え方です。資格試験の学習は，大学受験などと異なり，それまでの積み重ねがなく，初めて学習することが多いです。そのため，最初はわからないことが必ず出てきます。わからないことがあっても，ノルマを終わらせることを重視して進めることができるか，これが非常に重要です。
　「達成主義」「完了主義」を皆さんの勉強イズムにしてください。

第 2 章

助走期

勉強開始から最初の3ヵ月

1　スケジュールの立て方

■社会人の勉強スケジュールは週単位で。
「締切効果」を活用しよう

　前章の準備段階が終わったので，次は実際に勉強の開始です。司法書士試験のような難関試験に兼業受験生として一発合格するのであれば，**最低でも週に20時間の勉強時間は確保したいところ**です。前章で司法書士試験の合格レベルに乗るにはおおよそ1,500時間確保する必要があると述べました。週に10時間勉強し，長い時間かけて1,500時間積み上げるのと，週に20時間勉強し1,500時間を積み上げるのでは，結果は大きく異なります。ある程度短期間で積み上げたほうが効率がよいのは間違いありません。

　仮に，5日フルタイムで働いているのであれば，平日は2時間，休日は5時間の勉強時間を確保してはじめて，週に20時間勉強することができます。これを続けていくことで合格レベルに乗るのではないかと思います。

　勉強スケジュールの立て方に関してですが，私は**勉強スケジュールを週単位で作成していました**。この本の読者である兼業受験生の皆さんにも週単位でのスケジュール作成をオススメします。理由としては，毎日細かくスケジュールを立ててしまうと仕事で達成できなかったときにストレスが溜まる危険性があること，毎日のスケジュールは週単位のスケジュールに比べて修正しづらいことが挙げられます。

　スケジュールを週単位で立てれば，必ず休日を挟むので，平日達成できなかった目標の調整を行うこともでき，巻き返しを図るチャンスがあります。仕事で勉強が全くできなかった日でも，どこかで帳尻合わせをすればいいと思えば，心が折れずに勉強を進められます。

　私は，週のスケジュールは①達成したい課題，②課題達成にかかる時間，③もし時間に余剰ができたらやりたいことの3つを決めていました。また，スケジュールを立てるのも日曜日の夜に5分程度でざっくりと立ててい

した。

　受験生初期の私の1週間のスケジュールは以下のようなものです。この時期はフェーズ1のインプット期にあたりますので，**基本的には現在学んでいる科目を進めることと1つ前に学習した科目の復習がメイン**でした。

> **1週間のスケジュール**
>
> □今週の課題
> 　・不動産登記法の講義を2本視聴
> 　・講義の内容をインプット
> 　・講義範囲の過去問40問
> 　・民法債権・親族法の復習
> □勉強時間目標　24時間
> 　・不動産登記法の講義を2本視聴　6時間
> 　・講義の内容をインプット　4時間
> 　・講義範囲の過去問40問　4時間
> 　・民法債権・親族法の復習　6時間
> 　・調整幅　4時間
> □可能であればやりたいこと
> 　・民法の債権・親族法の一問一答本

　スケジュールを立てる上でのポイントとしては，①スケジュールには必ず調整幅をもたせること，②時間に余裕があるときに何をやりたいかを事前に決めておくことです。調整幅をもたせることで，課題が押していてもそれをカバーすることができます。また，仕事が早く片付き，予定よりも勉強時間が取れるときに，余った時間でやりたい課題を決めておくことで，迷うことなく勉強を続けられます。兼業受験生は，**仕事に勉強時間を左右されてしまうので，勉強のスケジュールには幅を持たせておくことをオススメ**します。

ところで，皆さんは「締切効果」という言葉をご存じでしょうか。「締切効果」とは，勉強や仕事の締切ギリギリに人の集中力や生産性が向上する心理効果のことを指します。週単位のスケジュールは，自分自身に期限を課すことで締切効果をうまく活用していくことができます。**スケジュールは「予定」でもありますが，必ず守る締切でもある**のです。

　スケジュールを立て，それをしっかりとこなすためにスケジュールはできるだけ周りに宣言するとよいと思います。私は週の初めには，勉強用の記録アプリ内で今週の目標を書いて発信していました。目標を宣言することでやらざるをえない環境を作りだすことができます。

まとめ スケジュール作成のポイント
- □スケジュールは週単位で立てる。
- □スケジュールには調整幅を持たせる。
- □時間が生まれたらやりたいことを決めておく。
- □スケジュールは必ず守る意識を持つ。
- □スケジュールは周りに発信して，モチベーションを上げる。

■自分自身の勉強速度を把握する

　勉強をこなしていく上で大切なことは，自分自身の勉強速度を知っておくことです。**特にテキストを読むスピードと択一問題を解くスピードの2つに関しては数値で把握しておく**とよいと思います。私は勉強記録を取っていたので，自分自身のテキストを読むスピードや過去問を解くだいたいのスピードを把握することができました。そして，それをスケジュール作成の際に役に立てていました。

　特に択一式問題を解くスピードに関しては，午前の部の科目は1問3分，午後の部のマイナー科目は1問1分，それ以外の科目は1問2分のスピードまでもっていかなくてはいけません。自分自身が今どの程度のスピード

なのかは，こまめに測っておく必要があります。

■徐々にノルマを増やし，キャパシティを広げる

　勉強のキャパシティとは「こなす勉強量と勉強時間」のことを指しています。私の持論ではあるのですが，**勉強のキャパシティは無理をすることでしか広がらない**と思っています。勉強開始時は触れている科目も少なく，スケジュール通りに物事は運びます。しかし，科目が増えるにつれて，やらなくてはならない勉強も増えていきます。科目が増えてきたときに，きちんとそれをこなしていく体力とキャパシティが必要です。試験勉強は登山に似ていて，頂上に近づくほど苦しくなりますし，体力が必要となってきます。1合目のスピードと体力では5合目位で息切れしてしまう可能性があるのと同じ理屈です。

　いきなりキャパシティを増やすことは難しいので，「週の勉強時間の中でこなす課題の密度を徐々に上げる」ことを意識してスケジュールを組み，行動していきました。たとえば，「先月は2時間で過去問を20問解いていたけど，今月は2時間で25問まで増やす」などです。徐々に自分自身の勉

直前期に向けて
密度を徐々に上げていくイメージ

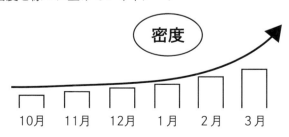

強の質を押し上げ，直前期には11科目をこなせるキャパシティ作りをしていました。兼業受験生は，勉強時間を増やすのはなかなか難しいので，密度を向上させることを目標にするとよいと思います。

■社会人の私が過ごす平均的な1日のスケジュール

　私は合格後，受験生の方から，どのような1日を過ごしていたのかをよく質問されます。もちろん，仕事に波があるので一概にはいえないのが正直なところです。突然仕事が入ってきて，1日30分しか勉強できない日も中にはありました。ここでは，上手く勉強できた日とそうではない日の1日をご紹介します。仕事で勉強時間が確保できなかったときはどうしていたのかもお伝えできればと思います。

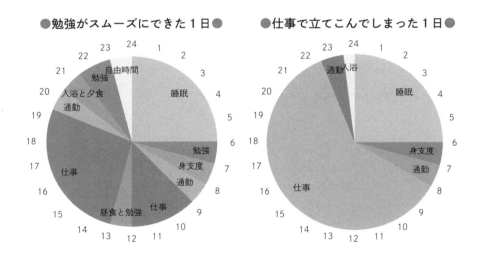

　左の図は，仕事もスムーズに終わり，勉強時間を確保できたなと思える受験期当時のスケジュールです。この日の1日の勉強時間は合計で5時間ですが，机に向かって勉強できたのは，朝の1時間と昼休みの30分，そして夜の1時間30分の計3時間のみです。それ以外の2時間は通勤時間および身支度中に行ったスキマ時間の勉強です。

仕事をしている平日は，机に向かって集中して勉強できる時間は限られています。**社会人の勉強は机に向かって勉強する集中時間と通勤時間などに勉強するスキマ時間が組み合わさったもの**です。集中して机に向かって勉強できる時間に適した勉強と，スキマ時間に適した勉強がそれぞれあります。それらを上手に組み合わせると効率よく勉強できました。

　私は，机に向かってすべき勉強と，スキマ時間に机に向かわずともできる勉強を下記のように区分していました。

机に向かってすべき勉強	過去問を解く，テキストを読む，授業を聴講する。
スキマ時間にすべき勉強	雛形の暗記，条文音声を聞く，テキストの表の暗記，一問一答本を解く。

机に向かって勉強できるときは，理解や演習など頭をフル回転で使う内容を中心にし，スキマ時間は主に暗記や一問一答本など，短時間でどんどんこなせるものを中心に勉強していました。

> **まとめ** 社会人受験生にとっての勉強
> □社会人の勉強時間＝スキマ時間の勉強×机に向かって集中できる勉強
> □スキマ時間と机に向かって勉強できる集中時間にそれぞれ適した勉強を行う

　前頁の右の図は，仕事が立てこんでしまい勉強ができなかった1日のスケジュールです。この日の勉強時間は2時間ですが，実際に机に向かって勉強できたのは0時間で，すべてがスキマ時間に行った勉強です。

　私は，**どんなに忙しくても1日に最低30分は勉強することで，勉強時間が0の日をなるべく回避**していました。勉強時間が0時間の日が続けば

続くほど，勉強に戻ることが苦痛になるからです。また，少しでも勉強を取り入れることで，罪悪感を拭うこともできますし，昨日よりも少しでも前に進んでいるという実感を持つことができるので，上手くいかなかった日でも少しは前向きになることができます。資格試験においては「どんなに苦しくても継続する」という心構えが何よりも大切です。**「継続は力なり」といいますが「継続こそが力なり」なのです。**

> **まとめ** 仕事が忙しくて勉強ができない日のポイント
> □ 1日30分は必ず勉強をして，勉強しない日を作らない。

2 勉強習慣を作る

■スタートダッシュが一番苦しい。1ヵ月「ゼロイチ期間」として覚悟を決める

　これは松本先生から教えていただいたことなのですが，勉強の開始から**1ヵ月は少し無理をして勉強をしました**。具体的にどのようなことを無理していたかというと，仕事以外の予定は極力入れずに勉強に集中する1ヵ月を過ごしました。勉強時間もできるだけ長くとりました。「スタートダッシュは息切れしてしまうから，飛ばしすぎない」とよくいわれていますが，私はそうではないと思います。**スタートダッシュこそ誰よりも早く走る**のです。

　なぜ最初の1ヵ月なのかというと，人間の行動習慣が作られるには平均1ヵ月かかるといわれているからです。私は，スケジュール帳の勉強を開始した日に「0」と書き，その1ヵ月後の日程に「1」とマークを入れました。その期間だけは，「ゼロイチ期間」として，なんとか頑張る期間として覚悟をしました。「ゼロイチ期間」は自分自身を修行僧だと思い込む

ようにしました。

　勉強だけにかかわらず何事も，0を1にすることはとても大変だと思います。しかし，0を1に変えることができたらそこからは，淡々と走るだけです。精神論になってしまいますが，最初のスタートダッシュは今後の受験生活の習慣を作る大切な時期だと思って，乗り越えなくてはいけません。私はこの無理をした「ゼロイチ期間」があったからこそ，そのあとの19ヵ月もきちんと走ることができたと思っています。

■勉強の合間の休憩の取り方

　私は休憩のタイミングは特には決めておらず，限界がくる一歩前のタイミングで休憩を取るようにしていました。この試験の午後の部は3時間の長丁場ですし，ずっと問題を解く集中力も必要なので，集中力を持続させるトレーニングも兼ねて，限界の一歩手前までは勉強するようにしていました。

　休憩はリフレッシュをするためにあるものですので，何をやるのも自由だとは思いますが，**なるべく短時間で一区切りつけられる休憩の取り方がよい**と思います。そうでないと，休憩のつもりで何かを始めたが結構な時間が経っていた，などということが起こりえるからです。たとえば，SNSやテレビ，ゲームや漫画などは休憩中に行うのは不向きであると思います。一方で，10分間眠る，好きな音楽を2曲だけ聴く，散歩をするなど，長時間ダラダラ続けてしまう危険性が低く短時間で一区切りできるものを休憩中に取り入れると，リフレッシュして勉強を再開しやすくなると思います。

まとめ　休憩の取り方

□ダラダラと続けてしまいそうなものは避ける。
□休憩に向いているもの⇒散歩，昼寝，ストレッチ，音楽を聴く。
□休憩に向いていないもの⇒ゲーム，漫画，テレビ，SNS

3　テキストと過去問の効率的活用方法

■テキストを読むときは目的を意識する

　テキストを読むというと，テキストを通読する意味だと思う方がいますが，そもそも**テキストは通読するものではありません**。普段，読書をするようにテキストを読むわけではないのです。

　私はテキストを読むときは，目的を意識し，その目的に沿った読み方を実践していました。目的があるかないかで，テキストを読む効率は大きく左右されます。

　テキストの１周目はまず，新しい単元に入る前にざっと枠組みを把握するために目を通します。**目的はその単元の把握**なので，この作業は１つの単元で約15分程度と非常に短いものでした。すべては読めないので，着目すべき部分は「見出し」「小見出し」「頻出する言葉」この３つです。飛ばし飛ばしでさっと話の流れだけ把握します。ここで理解しようと気負う必要は全くありません。

　そして，**２周目に「理解」を目的**としてテキストを読みます。ここでは，先ほどより時間をかけ，丁寧に読んでいきます。ただ頭から同じペースで読んでいては頭から抜けていってしまので，段落やまとまりごとに，頭の中で内容を要約できるように心がけていました。要約ができるということは理解できているということでもあるので，随時自分自身が理解しているかを確認しながら前に進みました。

　そして３周目以降は**「記憶」を目的としてテキストを読みます**。ここでは知識のインプットとアウトプットを同時並行で行います。インプットとは知識を頭に入れること，そしてアウトプットとは記憶した知識を思い出すことです。

> **まとめ** 目的別テキストの読み方
>
> □テキストは目的別に読み方を変える

■インプットとアウトプット並行術

　ここでは，3周目以降のインプットとアウトプットを同時並行で行うテキストの読み方を紹介します。これは松本先生に教えて頂いたやり方なのですが，**テキストに書かれている知識を思い出しながらテキストを読み進めます**。ここでは，具体的な事例を用いて解説します。

　次頁は私が受講したコースのテキストの，民法総則の権利能力に関するページです。まず最初に，P.36の第1節「権利能力」という単語を見て，そこでいったん止まります。後に続く文章をすぐに読むのではなく，権利能力の言葉の意味をまず思い出します。そして，その後に続く文章を読んで，自分自身の思い出した知識と照らし合わせを行います。もしこの時に，知識を思い出せない場合はまだインプット段階だと割り切って，記憶することに努めます。

　このように，**読む→止まる→その先を思い出して頭の中で思い浮かべる→続きを読んで答え合わせをする**という作業をひたすら行います。見出し，小見出しや単語を読み，それに続く後半部分の重要なポイントを思い出すのです。

　思い出せなかった部分に関しては，「思い出し方」を考えるようにしていました。単純知識であればゴロ合わせでもよいですし，少し複雑な知識では理由から思い出す方式でもよいのです。とにかく記憶のフックになる

第2章 人（主体）

P4で説明したとおり、財産法が規定しているのは以下の社会でした。この第2章で扱うのは「人」です。つまり、取引社会の主体（メンバー）をみていきます。

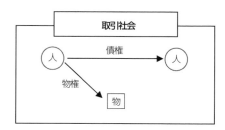

主体（メンバー）について、「権利能力」（第1節）、「意思能力」（第2節）および「行為能力」（第3節）の3つの能力から考えていきます。

第1節　権利能力

1 意義

　権利能力：権利・義務の主体となることができる資格、つまり、権利を取得し義務
　　　　　　を負担することができる資格

　たとえば、私が、あなたとの間で、「私があなたにパソコンをタダであげるよ」という贈与契約をしたとします。

　この贈与契約が成立すると、上記の図にある権利と義務が発生します。このような権利を取得し義務を負担することができる資格を「権利能力」といいます。
　取引社会を高校野球にたとえると、「高校生であること」（＊）が権利能力に当たります。野球のルールを理解できるか、理解しているかは関係ありません。
＊実際の高校野球の参加資格は、「18歳以下であること」などもあります。

36

▶『司法書士試験　リアリスティック1　民法Ⅰ』（辰已法律研究所，2021年4月，36-37ページ）

36

第 2 章　助走期（勉強開始から最初の 3 ヵ月）

第 1 節　権利能力

　権利能力を有することは、まさに取引社会の主体（メンバー）であるということです。つまり、この第 2 章の冒頭の図の「人」であるということなのです。

2　権利能力を有する者

　では、この権利能力を有する者は誰でしょうか。

> **Case**
> 以下の者のうち、権利能力を有する者は誰か？
> ・1 歳の赤ちゃん
> ・コンピューターを使いこなせるサル
> ・株式会社辰已法律研究所

　権利能力を有するのは、以下の①②の者です。

①自然人

　自然人とは、日常用語でいう「人」のことです。つまり、人間のことです。人間は、下記②の法人と違い、当然に「人」として扱われるので、「自然人」といいます。
　自然人であるならば、すべて"誰でも""同じように"権利能力を有しています。これを「権利能力平等の原則」といいます。かつては、貴族制度などがあり、すべての人間が平等とはいえませんでしたが、現在はその反省から、総理大臣であってもホームレスであっても同じように権利能力を有するとされています。
　また、年齢も関係ありません。よって、上記 Case の「1 歳の赤ちゃん」は権利能力を有しています。

②法人

　法人とは、会社などのことです。たとえば、私が講義をしている株式会社辰已法律研究所は法人です。サラリーマンや OL の方が勤めているところも、たいていは法人です。法人は、自然人と異なり、物体として存在するわけではありません。辰已法律研究所は人の集まりではありますが、「辰已法律研究所」自体が歩いたり、食事をしたりするわけではありません。しかし、法人も取引社会で取引を行うなど活動をすることから（みなさんが予備校の講座を申し込んだ場合は法人である予備校と契約をしたことになります）、権利能力が認められています。よって、上記 Case の「株式会社辰已法律研究所」は権利能力を有しています。
　なお、法人は基本的には人の集まりなのですが、人が集まればすぐに法人となれるわけではありません。会社法・商業登記法で詳しく学習しますが、一定の要件（設立

37

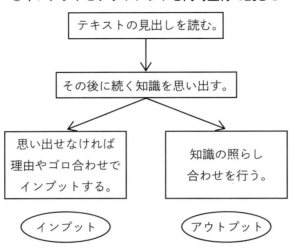

ものを探します。

　このようにインプットとアウトプットを同時に行いながらテキストを読むことで，ただ通読するよりも格段に知識の浸透率は上がります。

> **まとめ** テキストの読み方
> □テキストは通読するものではない。
> □テキストを読むときは読む→止まる→思い出す→答え合わせをする。
> □思い出せない知識はインプット段階だと割り切って記憶することに努める。

■量と質はどちらが大切か

　テキストを読むことに関して，大切なのは質よりも量だと思います。なぜならば，**量を繰り返すことで，質が生まれる**からです。私は本試験までにテキストを25周したのですが，回数を重ねれば重ねるほど読む質が確実に高まってきたなと感じていました。具体的には下記の3つの部分です。

① テキストに書かれている知識の重要度に合わせて読むスピードを自然とコントロールすることができるようになったので，読むスピードを調整しながら読むことができるようになった。
② 知識を思い出す精度とスピードが上がったので，回数を重ねることにより短い時間でテキストを読めるようになった。
③ 回数を重ねるにつれて，点と点だった知識がきちんと線になり，科目の大きな流れを捉えることができた。

質を生み出すには，やはり忍耐強く何度も量をこなしていくしかないと思います。インプットとアウトプットをひたすら繰り返した先に必ず質はあることを信じ，淡々と片づけていくことを大切にしていました。

■**過去問の解き方**

まず，過去問をいつ解くかに関してですが，私は授業で習った範囲は時間をあけずに解いていました。もし，過去問のみ明日に繰り越しになってしまっても，**必ず24時間以内に過去問を解くこと**を意識していました。時間をあけてしまうと「これなんだっけ？」と復習の労力が２倍になるからです。早ければ早いほど，効率よく問題を解くことができるので，習った範囲の過去問演習はなるべく早めに行うことをオススメします。

必ず24時間以内に解く

過去問の解き方では，以下の４点を意識していました。

> **過去問の解き方**
>
> ① 問題のテーマをきちんと確認し，印をつける。
> ② 選択肢のキーワードや論点に関する部分は下線を引きながら読む。複雑な事案に関しては読みながら相関図を書く。
> ③ 長文の選択肢は頭の中で簡単に要約する。
> ④ 接続詞や前後関係が出てきたらミスリードをしないように注意を払う。

まず1つ目ですが，問題文冒頭に書かれている**問題のテーマをしっかりと確認する**ようにしていました。もちろん，問題文冒頭のテーマを読み飛ばしている方はいないと思いますが，長い選択肢を読み進めていると「一体何を聞かれているか」というのが途中でわからなくなってしまいがちです。そのときのためにも，冒頭に書かれている論点に関してはしっかり印を入れておきます。

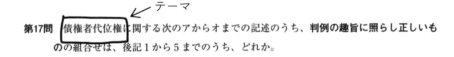

2つ目に，選択肢を読みながら**キーワードや論点になりえる重要箇所に下線**を引いていました。下線を引くことで，情報を整理しながら読み進めていくことができます。また，下線を引いておくと，選択肢を再検討する際にも下線を引いた箇所のみを読んで再検討できるなどのメリットもあります。

> ウ　AがBに対して甲債権を有し，BがCに対して乙債権を有している場合には，Aが甲債権を被保全債権として乙債権を<u>代位行使</u>したとしても，乙債権について，<u>消滅時効の完成</u>は<u>猶予</u>されない。

また，相関関係を図に書いて整理する必要がある際にも，読みながら書くことで整理していました。私は下記のように選択肢の横に相関関係を図

にして記載していました。

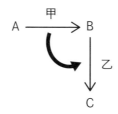

3つ目に、**長文の選択肢は頭の中で要約**するようにしていました。長文の選択肢は何を問いたいのかわかりづらいことも多々あります。そこで、長文の選択肢に遭遇した際には、簡単に要約するようにしていました。この練習を積み重ねることで、選択肢を読む際の読解力を高めることができ、長い選択肢を読むのが苦痛ではなくなりました。

4つ目に、**接続詞や前後関係などにはしっかりと注意を払う**ようにしていました。よく出てくる接続詞は「かつ」「及び」「並びに」「または」などです。これらの接続詞に関しては、読み落としてしまうと文章の内容を誤解してしまう危険性があるので、注意を払うようにしていました。また、法律行為などは時系列が非常に大切ですので、前後関係に関する用語にも気をつけていました。「前」「後」「同時に」などの言葉がそれに該当します。

以上が過去問を解く上で意識していた点です。はじめて過去問を解いたときは、理解が及ばずに時間もかかり心が折れかけました。しかし、時間が経つにつれて徐々に慣れていきました。最後まで諦めずに続けていくことが重要です。

■ノートは必要？　不要？

私は基本的にノートを作ることはしませんでした。勉強を始めた最初の頃は、わからなかった問題や曖昧な知識をまとめた「間違いノート」を作

成していました。どうしても覚えられない知識をノートにまとめて，見返せればいいかなと思っていました。しかし，これは本当に時間の無駄だったなと思います。もし，これから作成するつもりの方がいらしたら，声を大にしてお伝えしたいのですが，直前期以外のノートの作成は避けたほうがよいです。

　覚えていない知識は日々変化します。そして頭の中に入っている知識の引き出しも毎日変わっていきます。覚えたと思った知識が抜けたり，覚えていなかった知識が定着してきたり。11科目もあるとそんなことが日常茶飯事なのです。たとえ，間違いノートを作成したとしても，1週間も経てばそれは最新の間違いノートではなくなってしまいます。また，ノートの作成は手作業なのでテキストの知識の書き写しを間違えてしまう可能性もあります。間違いノートを作るよりも，テキストの間違い箇所に付箋を貼っておくか，小さな付箋に忘れやすい知識を書き込んで見返す程度にとどめておいたほうがよいと思います。

　私は，ノートは作らずにテキストに書き込むか，付箋やノートの切れ端をテキストに貼りつけるなどして，すべてテキストに情報を集約していました。

　過去問を解き，その根拠を確認するときに戻りやすいのはテキストです。そしてテキストに書き込んでいれば，**根拠を確認する作業をするときにそこに書かれている周辺知識も同時に拾うことができます**。テキスト以外にノートに書いていた場合，再度ノートを開く手間が必要であったり時間がもったいないので，テキストに集約させることをオススメします。

まとめ ノート作成に関して──────────────

□ ノートは原則，作らない。

□ テキストに情報を集約させ，効率化を図る。

■肢別過去問をやるのであれば反射神経を意識。3秒で答えを出そう

　私は基本的には過去問集を使用していたのですが，時々，肢別過去問集を利用することもありました。いわゆる一問一答本のことです。勉強の優先順位としてはそこまで高くはなかったのですが，時間があるときに短時間で手をつけられるので使用していました。

　私は，通常の過去問集と一問一答本の使用目的を明確に分けていました。**通常の過去問集は肢に下線を引きながら読む練習や，選択肢の切り方などの技術の習得のために活用し，一問一答本の問題に関しては反射的に答えを出す練習のために活用**していました。

　反射的に答えを出す習慣をつけるために，**肢を読んだら必ず3秒以内に答えを出す**ようにしていました。正解だとしても3秒以内に答えが出せなかったものは繰り返し行い，反射的に答えを出すよう練習していました。なぜ，ここまで反射的に答えを出せるようにしていたかというと，司法書士試験はタイムアタック的な試験でもあるからです。十分に時間がある試験であれば，ここまで知識を絞り出すスピードを意識する必要はないのですが，司法書士試験の特に午後の部の科目は，反射的に答えが出せるほどに知識の精度を上げないと試験時間内に確実に答えを出すことができません。また，選択肢の中からキーワードを瞬時に拾う練習や早く読む練習にもなります。**一問一答本はスピード感をもって行う**教材として**最適**だと思います。

　まとめ　一問一答本の活用の仕方
　□一問一答本は反射神経を養う目的で活用する。
　□一問一答本では素早く答えを出す。

4　社会人の時間活用術

■時間に対する思考の見直し

　社会人をやっていると学生時代に比べて毎日があっという間に過ぎていきます。私はかつて，「社会人は仕事をしているから時間がないものだ」と思い込んでいました。しかし，それは私の思い込みで，20ヵ月間仕事と両立しながら勉強をし，司法書士試験を乗り越える中で感じたことは「社会人でも意外と時間は作り出せるな」ということです。

　実際に，時間がないと思い込んでしまう原因として考えられることは，何にどれくらいの時間を使っているかを現状把握できていないことだと思います。私は，時間の使い方を見直すために，実際に平日と休日それぞれ自分自身の行動記録を取り，何に何時間使っているのかを洗い出してみました。

行動記録（平日）
- 朝の準備の時間　1時間
- 通勤時間　往復2時間
- 仕事　9時間
- SNS　30分
- 入浴　1時間
- 食事時間　昼と夜各1時間
- 家事　1時間30分
- 睡眠時間　7時間

　様々な時間を少しずつ削れば，勉強時間は作ることはできますし，通勤時間や食事の時間などもスキマ時間として活用して勉強を進めることはできるなと思いました。この時間の棚卸作業をしたことで，**「勉強する時間**

がない」という言い訳はもうできないと身が引き締まる思いでした。

■ 切り捨てるものを決める。時には身銭を切る覚悟を

　限られた時間の中で，仕事と勉強を両立していくためには，切り捨てるものを決めなければなりません。**生活の中で，プラスばかり積み重ねることはできないので，マイナスするものを決める**のです。一言でいえば，断捨離です。

　私が受験生時代に切り捨てたものは，①勉強以外のSNSとアプリ，②読書やテレビなどの娯楽，③月2回を超える友人や家族との遊ぶ時間，④深酒，⑤最低限を超えるレベルの家事，⑥季節の行事，⑦連休中の旅行，といったものです。

　切り捨てるものを決めたら，具体的な行動に移しました。

　勉強関連以外のSNSはすべて削除し，YouTubeやNETFLIXといった動画コンテンツもスマホから削除しました。気晴らしに動画コンテンツを見るときはその都度，スマホにダウンロードして見るようにしていました。毎回，ダウンロードしてログインしなくてはいけないので，気づいたら見なくなっていました。**アプリやコンテンツを禁止するのではなく，そこにたどり着くまでに障壁を作れば，自然とアクセスする時間を減らすことができます。**

　テレビは電源コンセントを抜き，本はすべて目に見えない場所にしまいました。

　家族や友人との遊ぶ時間も月に2回までに抑えていました。遊ぶ時間を0にするのはあまりにも極端なのと，20ヵ月の長距離ランを走るためには気晴らしも大切だと思ったからです。よく，勉強を継続するには何かしらのご褒美を自分に与えたほうがいいといいますが，私にとってのご褒美は友人や家族との時間でした。友人や家族との予定が入っている日は，朝の3時に起きてある程度スケジュールをこなしてから遊ぶように心がけていました。そして，その予定も1日中出かけるなどの予定ではなく，お茶や

45

買い物に行くなどの数時間の予定に抑えることで、勉強との両立を心がけていました。

　家事も生活をする上での最低限のものに抑えていました。生活の時間を把握している中で家事に時間が取られているなと気づいたので、家事の時間を減らす努力をしました。具体的には、時短家電の導入です。洗濯機はドラム式の洗濯機に変えることで、洗濯物を干す時間を無くし、食器は1人暮らし用の食洗機を購入しました。他にも、掃除機はお掃除ロボを導入し掃除機をかける時間を短縮するようにしていました。食事に関しても、できれば自炊をしたかったのですが、諦めて出来合いのものを買うようにしていました。「時は金なり」というように、**時間を作るには、時には身銭を切る覚悟が必要**なのです。時間短縮アイテムの導入に関しては時間の節約に直結しますので、兼業受験生の皆さんには是非とも検討していただきたいです。

　また、クリスマスやお正月などの季節の行事も合格するまで諦めることを決めていました。季節の行事がある時期こそ、受験生の勉強時間が相対的に減るだろうなと思っていたので、季節の行事がある期間こそ集中して勉強するようにしていました。受験期間中の年末年始のお休みは実家に帰省することなく、勉強をしながら過ごしていました。周りが楽しんでいる中、1人で勉強を続ける寂しさはもちろんありましたが、その分「合格するぞ！」という気持ちが高まったのを覚えています。

■スマホの機能は最低限に

　先述しましたが、私は受験生時代、スマホは必要最低限のアプリのみ残し、それ以外はすべて削除していました。**強い意志を持ったとしても、スマホの誘惑にはなかなか勝つことはできません。**なので、物理的にもスマホを使わない環境づくりをする必要があると思いました。アプリを最低限にすれば、スマホをいじっていてもすることがないので、無意識に触ることも減ります。仕事の電話がかかってこないであろう休日は、スマホの電

源を必ずOFFにし，勉強部屋から遠ざけるようにしていました。スマートフォン本体を入れてロックすることで使い過ぎを防止するタイムロッキングコンテナなども活用していました。

スマホ以外にも，テレビや漫画といった誘惑になりえるものは極力，勉強する環境には置かないことが最善でしょう。

5　受験生活と脳疲労

■日常生活で取り入れられる脳疲労軽減術

受験生活では脳疲労との戦いが何度も訪れます。平日は，仕事後に脳疲労が蓄積した状態で，さらに脳を使うわけですから，脳の情報処理能力が圧倒的に下がっているなと感じることが多々ありました。休日も，10時間勉強しようと決めていても，8時間を経過したあたりで脳疲労がピークを迎えることが多くありました。私は受験中，脳疲労に関する情報収集を行い，脳疲労をどう解消するかを考えてきたので，今回は私が受験中どう脳疲労と戦ってきたかをご紹介します。

すぐに対策できることとしては，勉強する部屋には「刺激」になるものを持ち込まないことです。スマホやテレビなど情報が入ってくるものはなるべく遠ざけます。言葉や情報などは脳にとっては刺激となり，それが脳疲労に繋がるためです。**意図的に情報をシャットダウンすることも大切**です。勉強の休憩中もなるべくSNSや動画コンテンツの閲覧は避けます。その日の1日の勉強が終わるまで情報をシャットアウトするのです。脳にとって刺激となりえるものは疲労をもたらしますから，距離を取ります。休憩時間は昼寝や散歩など，できるだけ脳を空っぽにするようにしていました。

2つ目に，脳疲労が蓄積したなと感じたタイミングで自然音を聞きながら勉強していました。雨音やたき火の音が私のお気に入りでした。自然音

は心だけでなく，脳をリラックスさせ疲労を取り除いてくれます。もちろん，1日中は聞かずに，疲れてきたなと感じたタイミングで自然音を取り入れていました。自然音を聞きながら勉強することでとても癒されましたし，外の音もシャットアウトできて一石二鳥でした。

　余談ですが，私はよく受験中，「音」を活用していました。同じ場所でずっと勉強しているのも飽きがきます。私の勉強部屋は7畳程度でそこまで広くありませんでした。そこで休日朝から晩まで勉強すると，気が滅入る気持ちになり脳疲労も蓄積していきました。その場合はカフェや図書館に行くなど場所替えを行って気持ちを切り替えたほうが勉強効率は上がるのですが，移動時間がもったいないと思ったので，環境音を活用していました。インターネットで環境音を無料配信しているコンテンツが多くあり，その中からカフェの環境音や学校の環境音，電車の中の環境音などを聞いていました。まるで，場所替えを行ったような感覚に陥り，リフレッシュして勉強することができました。こういった様々なコンテンツを利用して脳疲労を軽減するのもよいと思います。

　他にも，疲れてきたなと感じたタイミングで休憩を取り，使う器官を変えていました。たとえば，テキストをずっと読んでいて疲れているのであれば，手を動かす記述問題に勉強内容を変える，音声学習を取り入れるなどし，目をいったん休ませるのです。使う器官を変えることで，疲労を取り除くことができます。

　食事面でも，脳疲労を軽減できるような工夫をしていました。私は1人暮らしでしたので，受験中，食生活は大雑把になってしまった部分もありました。それでも，集中力や気力の低化防止，疲労回復に効果的なビタミンB群に関しては意識的に毎日摂取するようにしていました。ビタミンB群が不足すると不眠にもつながります。ビタミンB群の中でもビタミンB6は脳に大きな影響を与えます。私が受験中，積極的にとっていたビタミンB6の豊富な食材はバナナ，玄米，マグロです。**受験期間中，自分自身の心と体を守れるのは自分しかいません。**少し億劫ではありますが，食事

面でも自分自身の疲労を取り除いてあげてください。

　最後に，良質な睡眠に関してです。兼業受験生だと，睡眠時間を長くとることはなかなか難しいですが，睡眠を良質なものにすることはできます。良質な睡眠は脳疲労の軽減に欠かせません。私が良質な睡眠をとるために取り入れていたことは，できる限り，**就寝する１時間30分前までに入浴をすること**です。受験期間中，どんなに忙しくてもシャワーではなく浴槽にお湯をため，少しの時間でもお湯につかるようにしていました。寝る１時間30分前までにお風呂に入ることで体温を一時的に上げ，寝るときには自然と深部体温を下げることができます。深部体温を下げると眠くなるので，自然とリラックスして眠りにつくことができます。交代浴も自律神経を整えることができるので，オススメです。お湯に２分～３分つかった後に１分冷たいシャワーを浴びるというルーティーンを２，３回繰り返します。

　多くのアスリートの方も取り入れている手法なので，私も受験期間中はよく交代浴を取り入れていました。

まとめ　脳疲労軽減術
- □脳の刺激になりえる勉強以外の情報はシャットダウンする。
- □リラックスできる音を活用する。
- □使う器官を変える。
- □積極的にビタミンＢ群を摂取する。
- □良質な睡眠のために，必ずお風呂で身体を温める。

■勉強したくない日の対処法

　受験中は何度も「今日は勉強せずに眠りたいな」といった誘惑に襲われたことがあります。仕事でくたくたになって，それでも勉強をすることは至難の業ですし，人間ですので楽な方向に流れたくなるものです。そんな

ときにどうしていたかというと，自分自身に**「合格者であればどちらを選ぶべきなのか」**と問いかけていました。眠るのか，勉強するのかです。常に選択するときは感情に任せて選択するのではなく，「合格者ならどうするか」で決めていました。**主語を「私」ではなく「合格者」に変えることで，理性で選択をすることができた**と思います。

　合格までの道のりは小さな判断と決断の連続です。眠るのか，勉強するかどうかの判断は小さな判断ではありますが，その１つひとつが合格する要因になるので，丁寧に判断することを心がけていました。

合格者はどちらを選ぶかで決める

　それでも，人間ですので，誘惑に抵抗することができない日はあります。そういうときは，とりあえず机に向かうことをオススメします。そして，「今日は本当に疲れているから30分だけ」と決めて，形だけでも勉強を開始するのです。30分と決めていればなんとか，勉強をすることができるでしょう。勉強をしたくないわけですから，集中力も効率も落ちているかもしれません。それでも全然構いません。

　こういうときに大切なのは，行動を先にもってくることです。気持ちは後から自然とついてきますから，行動だけでも勉強を開始してみることをオススメします。

　実際に私も何度も「30分だけ」と決めて無理やり机に向かって勉強を開始したことがありますが，開始してしまえば案外30分以上勉強できるものです。疲れたときや，勉強したくないときに最もハードルが高いのは勉強

を開始すること。開始してしまえば続けることのハードルは低いので，まずは勉強開始のハードルを越えてみるのです。

> **まとめ** 勉強したくない日の対処法
> □合格者ならどうするかで選択してみる。
> □30分だけと決め，形だけでも勉強を開始してみる。

6 受験生活とSNS

■SNSは受験に必要なのか

　受験生の方々からよくある質問はSNSの使用方法です。私は受験期間中は，直前期を除いてSNSを使用していました。「受験生にとってSNSは百害あって一利なし」という意見はよく聞きますが，私はSNSが必ずしも受験勉強の敵ではないと思うのです。上手に活用することができれば受験生活を彩ってくれるツールにもなりますし，勉強効率を上げることにも繋がります。私の受験期間中にSNSを活用する上で気をつけていたことをご紹介します。

　受験期間中にSNSを使用するのであれば，目的を明確にしたほうがよいでしょう。目的からずれてまずいなと感じたら，辞める勇気を持つこともまた大切です。私は受験期間中，①受験仲間を作り孤独感を乗り越える，②SNSを外圧として利用する，この2点を目的として使用していました。目的をもって使用すれば，目的からずれてきた場合は行動に修正を加えることができます。

　私は受験中，受験仲間は一切いませんでした。予備校の講座はWEBで聴講していましたし，法律関係の仕事をしていたわけではないので，周りに司法書士試験受験生は1人もいませんでした。なので孤独感に襲われそ

うになったらSNSを通じて仲間と励ましあっていました。顔も本名もどこに住んでいるかもわからない仲間にかけられる言葉はとても，受験勉強中の励みになりました。

そして，SNSを適度な外圧として利用していました。勉強内容を日報代わりに発信することにより，人から見られているという意識を持つことができます。それによって，自らに適度にプレッシャーをかけることができたと思っています。

次に，**SNSは「受信型」ではなく「発信型」として使用することをオススメ**します。受信型とは，よくいう「見る専門」のことで，「発信型」は自ら情報を発信していくスタンスのことです。私は，受験中SNSを通じて発信はしていましたが，あまり他の受験生のSNSを見てはいませんでした。仕事で忙しくて，こまめに情報を追いかけることができなかったことも理由の1つですが，マイナスな情報が目に入った場合はそこに引っ張られてしまうことを危惧したからです。SNSには受験に関する有益な情報も多いですが，同じくらいネガティブな情報もあふれています。ネガティブな情報をシャットダウンし，拾いたい情報だけ拾うためにも発信型でいることがよいと思います。

そして**最後に，SNSは本試験前に必ず辞めるべき**だと思います。辞めるタイミングは人それぞれなので，自分が「いまだ」と思ったタイミングでよいと思います。特に直前期はSNSをやっている暇などないからです。

私がSNSを辞めたのは直前期です。直前期に入ったときに「もうここからは1人で戦えるし戦わなくてはいけない」と思いSNSアカウントを削除しました。しかし，直前期は講師の方がSNSを通じて試験に関する有益な情報を発信していることもあるので，1週間に1回は講師のSNSをブックマークして確認するようにしていました。

まとめ 受験中のSNSの使用方法
  □使用の目的を明確にする。

□情報は受信型ではなく発信型に。
□本試験前までに必ずSNSを辞める。
□講師のSNSは有益な情報が多いので随時確認する。

7　計画，実行した後に大切なのは「管理すること」

■「時間」と「量」の両面から勉強を記録し管理する

　「スケジュールの立て方」で説明した通り，こなした課題はきちんと記録を取り管理していました。スケジュール通りに勉強したからといって，満足しそのまま放置することなく，その結果をきちんと記録していました。勉強の記録を取ることはとても有効です。

　私は，Studyplusという勉強記録アプリに勉強時間および1日の勉強内容の記録を取っていました。記録を取ることで，**自分自身の読むスピードや過去問を解くスピードも計測でき，今後のスケジュール作成の参考になります**。また，勉強の成果が出にくいときは，「勉強時間が足りていないのか」「勉強の内容が少なかったのか」など自己反省の材料にもなります。時間が足りていないのであれば，どう時間を割くかを考えますし，時間はこなしていたけど実力が伸びないときは，勉強の密度が足りていない可能性があるので，課題ごとの時間の設定の仕方を見直す必要があります。

　また，記録を取ることで**科目による偏りを回避できます**。私は勉強記録アプリに加えて，テキストと過去問の進行状況を自作の管理シートに記録していました。

　次に示すのはテキストの管理シートです。テキストを1周したら，日付を記録していきます。この表を見れば，手をつけていない科目などが一目瞭然にわかるので，11科目の偏りをなくすためにも非常に役に立ちました。

回数	民法Ⅰ	民法Ⅱ	民法Ⅲ	不動産登記法Ⅰ	不動産登記法Ⅱ	会社法Ⅰ	会社法Ⅱ	民事訴訟法	供託・司法書士法	刑法	憲法
1											
2											
3											
4	日付を記録する etc.										
5											
6											
7											
8											
9											
10											

過去問に関しては，下記の管理シートで分野ごとに正答率を記録していました。

範囲	過去問	問題数	正答率
不在者・失踪者	NO12〜17	6問	100%
権利能力なき社団	NO25〜27	3問	100%
虚偽表示	NO31〜36	6問	83%
錯誤	NO39．NO41．NO43〜44	4問	100%
代理	NO48〜73	26問	76%

このように範囲ごとに正答率をまとめるメリットは，弱点が一目瞭然でわかり，テキストでの復習の役に立つことです。このリストを見ながら，苦手分野に関しては丁寧に復習することを意識できるようになります。また，1問1問の正答率を把握するのも大切ですが，過去問の数は2,000問以上ありますので，分野ごとの弱点を把握することは有効です。

そして最後に，**記録を取ることは自己肯定感の向上や，モチベーションアップにもつながります**。過去の勉強を振り返ったときに「ここまでよく頑張ったな」と自分で自分をほめることができるようになります。特に，心が折れそうなときはそのような過去の記録が「軌跡」として自分に自信を与えてくれました。それだけでもやはり，記録を取る価値はあるのです。

> コラム　この時期遭遇した壁の乗り越え方

孤独感と果てしない道のりへの絶望感

　私にとって受験期間中一番苦しかったのは最初の3ヵ月でした。この期間の何が一番苦しかったかというと，孤独感だったと思います。

　私は，司法書士試験への挑戦を誰にも話せずにいました。当時，1人暮らしをしていたのですが，家族や友人が家に遊びに来るときは，テキストをクローゼットの中にしまい，職場でも，テキストの表紙を全く別の本の表紙に変えて，同僚にも知られないようにしていました。予備校の講義もWEBで受講していたので受験生仲間も1人もいませんでした。

　周りに話したところで「難関資格に働きながら受かろうなんて無理だと思われるに決まっている」と勝手に思っていました。悲しいことに，一番自分の決断を信じることができなかったのは私自身でした。心のどこかで「本当にこれでよかったのか」と疑っていました。その気持ちを抱えながら勉強を続けることは，とても苦しかったなと今振り返っても思います。

　孤独感に加えて，「まだ民法すら終わっていないのに，あと10科目もあるんだ」といった，これから続く長い道のりへの絶望感もありました。司法書士試験に挑戦するという決断をしていなければ，週末は自分の好きなことができたし，もうちょっと眠れたかもしれないのにと何度も泣きたくなりました。それでも勉強を続けられたのは，まぎれもなく意地とプライドがあったからです。

　勉強を開始して，3ヵ月を過ぎたころからは，徐々に勉強と仕事を両立する生活にも慣れてきました。周りにも少しずつ決断を話すことができるようになり，徐々に孤独感と絶望感を乗り越えることができました。

　この時期の壁は小さな成功体験を積み重ねることで乗り越えられました。テキストを読んだ後に過去問を解いて80％正解できた，今日は5時間も勉強できたなど毎日のちょっとした成功体験を積み重ねることで，少しずつ心の中に，勉強に対する自信が蓄積していきました。

松本講師のアドバイス

別の世界に入るということ

「1ヵ月は少し無理をして勉強をしました。」

これです。勉強を始めた1ヵ月は，少し無理をしてください。司法書士試験の勉強を始めるということは，別の世界に入るということです。「別の世界に入るから，慣れるために最初はゆっくりと……」は，違います。少し無理をして，この試験の勉強をすることで，司法書士試験の勉強が習慣になります。習慣になるには，数週間〜1ヵ月程度，毎日同じことをし続ける必要があります。

「テキストは通読するものではありません」，これも大事な考え方です。テキストを単なるインプット教材と考え，通読しかしない受験生の方が多いです。実にもったいないです。テキストでアウトプットする方法が書かれていますが，このようにテキストを読めるようになると，テキストがアウトプット教材にもなり，最高のツールになります。

ここら辺で気づいたでしょうか。河島さんは，講師である私が申し上げたことを実践しようとしています。実践しようとする人は，実はかなり少ないです。それは，講義を受けている方でもです。せっかく方法論を知ったのに実践しないのは，非常にもったいないです。皆さんは，この本で知った方法論をまずは実践してくださいね。

第 3 章

加速期

1　記述式の勉強方法

■記述式はステップを意識しよう

　記述式の勉強を始めたいけど，何から手をつけたらいいかわからないという声はよく聞きます。記述式はいきなり問題を見ても何が何だかわかりません。記述式の学習する順番は下記のステップで行うことをオススメします。記述式は下記のステップを順序立てて訓練すれば，習得は比較的簡単でしょう。**記述式の勉強時間の目安は，大体400時間程度が合格レベルに乗る平均水準**だと思います。記述式の勉強開始時期に関しては，本試験受験の前年の秋頃からスタートすることが理想的です。最も遅くても，受験する年の年始までには必ず勉強を開始させたいところです。

記述式問題の乗り越え方 4 STEP

- □ STEP1　雛形の習得
- □ STEP2　解法の習得
- □ STEP3　解法をもとに簡単な記述式問題を解く
- □ STEP4　本試験レベルの記述式問題を週に 3 ～ 4 回解く

・STEP 1

　まず，雛形を習得します。雛形とは，記述を解く上で必ず記憶しておくべき申請書の書き方です。予備校で配布される雛形集を使用するか，市販されている雛形集を使用します。これはスキマ時間に音読や，音声学習を通じて習得することをオススメします。**雛形を覚えることは記述式の勉強のスタート地点に立つことでもあります。**

　書いて覚える方もいると思いますが，書くと膨大な時間を要するので，なるべくスキマ時間に音読で覚えるのがよいと思います。スマートフォンの録音機能などで自分の声を録音し，それを倍速にして聞く手段もまた有

効です。倍速というのがポイントなのですが，倍速で聞くことで神経を研ぎ澄ませて集中して学習することができます。**私は不動産登記法の124パターンと商業登記法の70パターンの計194パターンは，通勤時間などのスキマ時間に暗記しました。**

- STEP 2

　次に，解法の習得です。解法とは，約30ページに及ぶ試験問題の読む順番，読み飛ばす箇所，情報の整理の仕方，答案構成用紙の使用方法など，記述式問題を解く上でのマニュアルのようなものです。マニュアルがあるのとないのでは，解くスピードや正確性が格段に違います。解法を習得せずになんとなく記述式問題を解くことは非効率的ですし，危険です。

　解法の習得に関しては，解法の本が出版されていますし，予備校の講座を取っている方はそこで学ぶことができると思います。**解法を習得することで，どんな記述式の問題がきても機械的に解くことができるようになりますし，時間のロスが圧倒的になくなります。**

- STEP 3

　解法の習得と並行して基本問題を解き，記述式問題に慣れます。いきなり本試験レベルの問題を解いてしまうと，難しくて心が折れてしまう危険性があります。基本問題は本試験レベルの分量ではなく，問題が数ページで完結しているものなので，比較的解きやすいです。基本問題を最初に解くことによって記述式問題に対する自信をつけることもできます。書店に行けば何種類もの基本問題集があります。基本問題は，記述式問題に慣れることが最大の目的なので，何度も繰り返し解く必要はありません。

- STEP 4

　そして，最後の段階で，本試験レベルの問題をひたすら解きます。択一式の勉強は何度も何度も繰り返すことで知識の精度を上げていきますが，記述式は野球のバッターと同じように**どんなボールでも打つ能力が必要**です。**択一式と記述式では戦略が全く異なる**のです。私は，模試や答練，予想問題集や市販の問題集など何十パターンもの問題を解きました。すべて

の問題を大体3周はしたと思います。ここで工夫したことは，すぐに同じ問題を繰り返してしまうと，解法ではなく解答を覚えているだけの危険性もあるので，同じ問題は少し間をあけてから解くようにしていました。記述式ではできるだけ多くの問題パターンに触れておくことをオススメします。

■記述式は論点連想力がものをいう

　記述問題で求められる能力は多岐にわたります。速読力，情報を正しく拾い，整理する力，問題処理能力，そして連想力です。私も記述式の勉強を開始したときは，なかなか慣れませんでしたし，合格レベルになるまで相当時間がかかると思っていました。しかし，諦めずに繰り返し解くことで，気づけば記述問題を解くのが楽しくなっていました。楽しくなっただけではなく，記述の力がつくにつれて，択一式も強くなっていました。記述式を解く中で択一式の知識を何度も使うので，自然と択一式の知識の精度も高まっていくのです。

　先述した**論点連想力ですが，記述式の問題を見てキーワードを拾い，どんなことが論点になりえるのかを瞬時に連想する力のこと**を指します。この論点連想力を鍛え上げることが，記述式の最短攻略ルートだと思います。

　不動産登記法では，記述式問題の中に未成年者が出てきた場合は，親権者の未成年者との利益相反行為や，未成年者の法律行為に対する親権者の同意などが論点となることが多いです。これをあらかじめ連想できていた場合は，添付書面の記載により注意を払うことができます。

　他にも，記述問題で登場人物全員ではなく一部のみが申請人になっている場合は，代位による登記や判決による登記，保存行為による単独申請などが論点になりえますので，そこにアンテナを張りながら答案を作成することができます。

　商業登記法においては，会計監査人が出てきたら，自動再任が王道の論点です。他にも，支店の移転が論点で出てきた場合は，セットで支配人を

置いた営業所の移転登記を同時に行う場合もあります。

　私は，こういった記述の論点を横断整理するために，ワードに論点をまとめていました。問題を解きながらどういった点が論点になりやすいかを逐一ワードに落とし込むようにしていました。以下に示すのは当時使用していた論点整理表の一部です。キーワードを拾い，論点を連想できる力があれば，記述問題は非常に解きやすくなります。論点連想力を養うためには，記述問題を多く解き，自分の中にその論点をストックさせていく必要があるのです。

不動産登記法の連想リスト
- 未成年者⇒☑親との利益相反行為　☑未成年者の法律行為への親権者の同意
- 転抵当権⇒☑順位変更や抵当権抹消などで承諾証明情報の添付
- 登場人物全員から登記の申請を受けていない⇒☑代位による登記　☑判決による登記
- 根抵当権が準共有⇒☑共有者の権利移転　☑優先の定め　☑共有者１人の元本確定事由の発生
- 代物弁済⇒☑抵当権の抹消日付の論点
- 所有権の一部に抵当権が設定⇒☑及ぼす変更の登記

商業登記法連想リスト
- 会計監査人⇒☑自動再任　☑辞任　☑仮会計監査人
- 支配人⇒☑本店または支店の移転と支配人を置いた営業所の移転
　☑代表取締役になり辞任　☑支店廃止と支配人を置いた営業所の廃止
　☑支配人の代理権消滅
- 補欠役員⇒☑他の役員と同時に退任
- 新株予約権⇒☑新株予約権の行使や放棄　☑行使期間満了による消滅
　☑ストックオプションであれば役員退任と消滅　☑発行可能株式総数の

留保
・株式の無償割当て⇒☑自己株式は増えない
・役員の選解任権付株式⇒種類株主総会での選任・解任　☑みなし廃止　☑公開会社への移行時に廃止

■ケアレスミスは存在しない。失敗の回避方法

　記述問題では，ミスをしてしまうことが多くあります。特にいつもであればしないミスをしたときに，「ケアレスミスをしたな」と一言で片づけてしまうことも多くあります。しかし，ケアレスミスはこの試験には存在しないと思うことが大切です。**私は，何かミスをしたときは必ず，「理由」と「対策」をセットで考えるようにしていました。**

　不動産登記法の記述式問題での王道のミスは，登記の前提となる名変登記を飛ばしてしまうことです。これは学習経験がある方はご存じかもしれませんが，かなり致命的なミスです。名変登記をしなかったばかりに記述式問題で大きく減点され，下手したら不合格が確定してしまう恐ろしいものです。私は大事な模試で名変を飛ばしてしまったことがあります。いつもなら絶対にしないミスでした。「もしこれが本試験だったら落ちていたな」と冷や汗をかきました。そこで，**二度と同じミスを繰り返さないかを徹底的に考え抜き，対策を講じました。**

　そのミス以降，私は記述式の問題が始まった瞬間に，解答用紙に名変と書き込んでいました。解答用紙の最初の欄に書き込むことで，解答用紙を埋める際に自分自身に再度確認を促していました。

　また，問題を解き終えた後に，必ず「名変を飛ばしていないかを確認する時間」を設けていました。どんなに自信がある問題であっても，この名変を飛ばしていないかを確認する作業を必ず入れていました。

　また，択一式で「誤っているものを選べ」と指示があるのにもかかわらず正しいものを選んでしまうミスも，私はよくしていました。そこで視覚に訴えかけるために，問題を解きながら次のように印をつけていました。

第3章　加速期

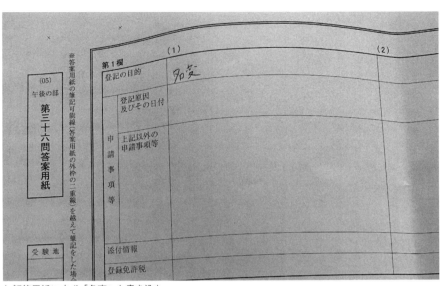

▶解答用紙にすぐ「名変」と書き込む

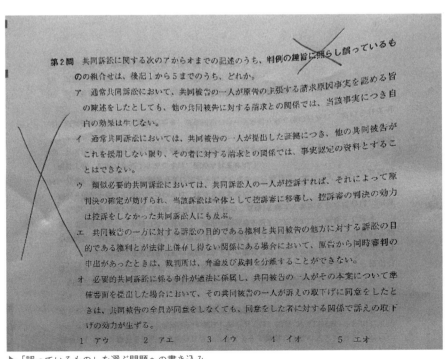

▶「誤っているもの」を選ぶ問題への書き込み

63

> 第3問 次の対話は、訴訟費用に関する教授と学生の対話である。教授の質問に対する次のアからオまでの学生の解答のうち、(正しいもの)の組合せは、後記1から5までのうち、どれか。
>
> 教授： 裁判所は、当事者の申立てがない場合であっても、事件を完結する裁判において、訴訟費用の負担の裁判をしなければなりませんか。
>
> 学生：ア 裁判所は、当事者の申立てがない場合には、訴訟費用の負担の裁判をする必要はありません。
>
> 教授： 民事訴訟法に、訴訟費用の負担の原則については、どのように定められていますか。
>
> 学生：イ 訴訟費用は敗訴の当事者の負担とすると定められています。
>
> 教授： それでは、原告の請求のうち一部は認容されたが、一部は棄却された場合に、訴訟費用の全部を被告に負担させることはできますか。
>
> 学生：ウ その訴訟における具体的な事情にかかわらず、一部しか敗訴していない被告に、訴訟費用の全部を負担させることはできません。
>
> 教授： 次に、当事者が裁判所において和解をした場合において、訴訟費用の負担について特別の定めをしなかったときは、訴訟費用の負担はどうなりますか。
>
> 学生：エ この場合の訴訟費用は、当事者の各自が負担することになります。
>
> 教授： 最後に、当事者は、裁判所がした訴訟費用の負担の裁判に対して、独立して不服を申し立てることはできますか。
>
> 学生：オ 訴訟費用の負担の裁判に不服がある者は、その裁判について即時抗告をすることができます。
>
> 1 アウ　 2 アオ　 3 イウ　 4 イエ　 5 エオ

▶「正しいもの」を選ぶ問題への書き込み

　他にも，記述式の問題で解答用紙の表と裏を間違え，裏面から解答を記載してしまったこともあります。記述式問題の解答用紙は名前を記載するページが表面なので，名前を記載したらすぐに，右肩に折り込みを入れるようにしました。折り込みを入れることで，焦って記述問題を解いていても，表面と裏面の区別はすぐにつくと思ったからです。

　ここまで対策をするのはやりすぎかもしれません。しかし，**ミスに対する対策はやりすぎくらいが丁度よい**と思います。私の好きな言葉に「悲観的に準備し，楽観的に行動せよ」というものがありますが，まさにこの試験におけるスタンスとしてはぴったりな言葉だと思います。

第3章　加速期

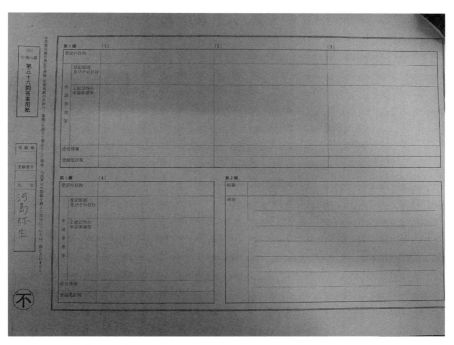

▶右肩を折り込み裏表を間違えないようにした

■記述式の間違いリスト作成のススメ

　先ほどのケアレスミス回避方法に付随して，記述式に関しては直前期に間違いリストを作成することをオススメします。

　私は，記述問題を解いていて，よくやりがちなミスを記録していました。

　できれば記述式問題を解くたびに，毎回ミスを記録しておくことが望ましいのですが，難しい場合は自分自身の解答用紙を保管しておき，ある程度溜まってきた段階で，その解答用紙を分析しながらリスト化するとよいと思います。

　そして，模試や答練の記述問題が始まる前の昼休みにそのリストを見返し，記述問題においてどこに気をつけるかを自分自身に注意喚起していました。記述式でのミスは，気をつけようと思っていても何となく忘れて

65

しまうものです。しかし，間違いリストを作成して意識づけを行うことで以前に比べてだいぶミスが減ったと思うので，このやり方はとても効果的です。

記述式の間違いリスト
<u>不動産登記法</u>
□所有権保存登記では「不動産登記法第74条～」の記載を行う。
□数次相続では添付する戸籍の数に気をつける。
□名変登記では，更正なのか変更なのかを必ず確認する。
□登記識別情報を提供できない理由を記載する。
□持分をすべて移転するときの登記の目的は「〇〇持分<u>全部</u>移転」

<u>商業登記法</u>
□役員を答案構成用紙に書き移す際に，全員分記載があるか確認する。
□公開会社であれば発行可能株式総数に4倍ルールがあるのを忘れない。
□権利義務役員が死亡などで退任するときは，退任年月日と事由に気をつける。
□一部のみ解答を求められた場合,「登記すべき事項」なのか「登記の事由」なのかをしっかり確認してから解答する。
□委任状の添付を忘れない。
□取締役会議事録に印鑑証明書を添付する場合は決議に参加した人数を確認する。
□登録免許税の内訳を記載する指示を見落とさない。

2　お試し受験のススメ

■お試し受験では目標を設定しよう

　私は，勉強期間が20ヵ月だったので，2023年の本試験受験の前の2022年に司法書士試験をお試し受験しました。もし，受験できる機会があれば，必ずお試し受験をするとよいと思います。まだ全科目の勉強を終えていなくても問題ありません。

　私の場合は，勉強を開始して8ヵ月が経過したあたりでお試し受験をしました。当時は，民法と不動産登記法の2科目しか学習しておらず，記述式問題に関しては手をつけていませんでした。試験を受けるには，かなり未完成な状態ではありましたが，お試し受験では民法と不動産登記法で9割得点することを目標にしていました。

　すると実際に，お試し受験では掲げた目標を達成することができ，それがそのあとの受験生生活における大きな自信につながりました。**お試し受験をされる方は必ず目標設定をすることをオススメ**します。お試し受験といえど，**実際の試験で高得点が取れた事実は次の年の本番に向けた心の支えとなります**。

■お試し受験の日に確認すべきこと

　お試し受験では目標設定だけではなく，次の年に向けて会場のリサーチを行うこともオススメです。司法書士試験は居住地にかかわらずに，どのエリアの会場でも受験可能です。来年度の本試験でどこの会場で受けるかを決めたら，お試し受験もそれに合わせて会場選択をすると再現度が高いお試し受験ができると思います。

　私は，お試し受験では下記の項目に関して1つひとつ確認するようにしていました。そして，確認項目の下には気づいたことをメモしていました。下記は私のお試し受験メモです。少しでもお試し受験の経験を次の年の本

番に生かせるように工夫していました。

> **お試し受験のときの確認メモ**

□起きる時間は何時頃だとよいか。
　→１日が長いので早すぎてもよくない。６時30分頃。
□服装は適切であったか。
　→冷房で室内が寒いので来年は厚手のパーカーを１枚持参する。
□お昼ご飯は適切であったか。
　→昼休みは勉強しながら過ごすために，片手で食べられるおにぎりが適切。
　　飲み物は500mlを３本，念のため持参する。
□お昼ご飯はどこで調達するか。
　→近くにコンビニがあるが混んでいるのであらかじめ家の近くで調達する
　　ほうがよい。
□トイレはどの程度並んだか。
　→女子トイレは10分並ぶ。トイレは午前の部の途中で行ったほうがよさそ
　　う。
□会場の雰囲気はどんな感じだったか。
　→午前の部は比較的ゆったりしているが，午後の部は殺気立っている。
　　会場の雰囲気に飲み込まれないようにする。受験番号は後半のほうが雰
　　囲気はなごやか。
□来年，本試験会場に持ち込むべきものは何か。
　→目薬，ハンカチ，ホットアイマスク，座布団，腹痛の薬

■プレ直前期を受験生と一緒に過ごす

　司法書士試験は，通常４月から直前期に入ります。直前期とは，模試や答練などが始まる期間でもあり，全受験生が「最後の追い込み」をする３ヵ月のことです。せっかくなので，お試し受験で直前期の雰囲気を少し

だけでも味わっておくとよいでしょう。

　私は，お試し受験をする際，試験日の1週間前から他の受験生と一緒に勉強の追い込みをして過ごしました。直前期の雰囲気を少しでも味わうことが目的でしたが，お試し受験で設定した目標を達成したいという気持ちもありました。お試し受験なので，本試験を控えている受験生と同じくらいの緊張感やプレッシャーを抱えて過ごすことは，難しいかもしれません。それでも，他の受験生には負けない気持ちで，1週間は猛勉強をしましたし，受験生の気持ちに想いを馳せて過ごしました。試験前も受験生と同じように過ごしてみることで，次の年に向けての覚悟もきまり，次の年に向けての練習にもなりました。**お試し受験は当日だけのお試しではなく，その準備期間もお試ししてみるとよいと思います。**

■学習していない範囲もとにかく問題を解いてみよう

　私は，お試し受験をするまでは，記述問題には触れたこともなかったですし，問題も見たことがありませんでした。それでも，お試し受験では記述式を含めて解答用紙をすべて埋めました。お試し受験では，記述式の解答用紙を白紙で出す方もいます。しかし，無理やりでもよいので，是非一度問題を解いてみるとよいと思います。記述式を含めた全問題を解くことで，試験の分量も知ることができますし，試験の全体像を再確認することができます。それだけではなく，緊迫した試験会場で本試験問題を3時間解き続ける忍耐力の練習にもなります。

　お試し受験は，ただ何となく受けるだけではなく，思う存分に次の年の本試験に向けた最高のリハーサルにすることをオススメします。

> コラム　この時期遭遇した壁の乗り越え方

自分の成長具合がわからない

　私がこの時期遭遇した悩みは，自分自身の成長の程度がわからなかったことです。

　毎日勉強する習慣もつき，うまく勉強と仕事を両立できるようになっていました。しかし，直前期が始まる4月以前は模試や答練といった自分自身の実力を点数で測る機会が全くなかったので，自分自身の努力がきちんと実になっているのかがわかりませんでした。

　もちろん，このままがむしゃらに前に進む以外の選択肢しかありませんでしたが，それでも時に自分自身は本当に成長できているのかがわからずに苦悩しました。

　その中で，どう気持ちを切り替えたかというと，この時期は他の受験生との差がつきにくい時期だと割り切って，勝負の相手を「他の受験生」ではなく「自分自身」に変えました。

　自分の成長は他者との競争の中で見出すものではなく，自分自身との競争の中で見出すものだと視点を変えたのです。競争相手を自分自身にすれば，1日1日を受験生として大切に生きることができます。

　実際，この時期は他の受験生も基礎講座を受講していたり，インプットを繰り返している時期です。はっきりとした差は生まれづらい時期でもあると思います。その中で，毎日ただ淡々と目の前の課題をこなしていくことのほうが大切だと思いました。

　今の自分の合格率や受験生の立ち位置は，直前期になれば眼をそむけたくなるくらい突きつけられます。なので，直前期に入っていない受験期中盤の時期は，目の前のことをこなすことにとにかく集中し，それ以外のことは考えないようにしていました。

松本講師のアドバイス

音声学習・ケアレスミス・お試し受験

　河島さんが実践された，雛形の音声学習（雛形の音読，音声を聞くなど）は，時間のない社会人受験生の方には是非採り入れていただきたい勉強法です。社会人受験生の方は，"机に向かって勉強できない時間をどれだけ勉強に充てられるか"が勝負になります。机に向かって勉強できる時間は，仕事のある日は2～3時間，長くても4時間ほどになると思います。机に向かって行わないけれども，机に向かって行う勉強と同じくらいの効果を発揮するのが，雛形の音声学習です。雛形には，リズムがあります。音声学習をしていると，このリズムが身につき，自然と雛形のフレーズが出てくるようになります。出社前の準備の時間，通勤時間などで音声学習をし，雛形は，河島さんのように，机に向かうことなく記憶してしまいましょう。

　「ケアレスミスは存在しない」という考えは，皆さんも是非真似してください。「ケアレス（不注意だ）」と考えるのではなく，「事前の対策不足だ」と考えてください。「ケアレス（不注意だ）」と考えると，「次は気をつけよう」と考えることになりますが，それだと，また同じミスをしてしまいます。事前にどのような対策をしておけばミスをしないかを考えることで（河島さんの例だと答案用紙に「名変」と書いてしまう），同じミスを防げます。

　お試し受験は是非していただきたいのですが，お試し受験に向けて1週間前から準備したり，チェックリストを作ったりした話は初めて聞きました。このあたりから，河島さんの完璧な準備の一端が見えますが，この後の本書の記載を読むと驚きがさらに大きくなると思います。河島さんがした準備を本書に詳しく書いてくれているので，チェックリストのフォーマットなどは，そのまま真似してみてください。

第 4 章

直前期

試験3ヵ月前

1　最速で全科目を回転させながら知識の穴を埋めよう

■直前期に何をするか

　先述しましたが，司法書士試験では，4月1日から試験日までの約3ヵ月を直前期とよんでいます。予備校では，基礎講座は3月までに終了し，受験生はそこから各々，本試験に向けて勉強をします。

　また，直前期になると，予備校が主催する模試や答練も始まり，受験生にとって慌ただしい日々になります。直前期の過ごし方は合否を分けるくらい大切なものになりますので，私が直前期に何を行ったか，そしてそれを踏まえ，最低限どこまで勉強すれば合格レベルに達するかをここでご紹介できればと思います。

　まず，直前期にしたことは下記の5つです。
① 答練・模試の受験
② 過去5年分の年度別過去問
③ テキストの復習
④ 過去問の解きなおし
⑤ 本試験レベルの記述問題

　答練と模試に関しては次章で受ける回数や復習の仕方などを紹介したいと思います。年度別過去問に関しては，やるのは第2日曜日と第4日曜日と決めて解いていました。答練と模試，そして年度別過去問を解く日以外の日程は，基本的にはテキスト，過去問，記述式の3本柱で勉強していきます。とてもシンプルです。**1日に行うことは，テキストの復習，択一式の過去問，記述式の問題演習になります**。模試や年度別過去問を解く日以外は，このルーティーンをひたすら繰り返します。

> **まとめ** 1日に行うこと
> □ テキストでの復習
> □ 択一式の過去問
> □ 記述式の問題演習

■1科目ずつ勉強するか全科目同時に勉強するのか

　直前期に11科目すべてを並行させて勉強する方もいれば，1科目ずつ勉強する方もいます。私は，**1科目ずつ勉強することをオススメ**します。毎日11科目に触れるとなると，各科目に触れる時間も短くなりますし，前に進んでいる実感も湧きにくいです。

　私は，民法，不動産登記法，会社法，商業登記法，民事訴訟法，民事執行法，民事保全法，供託法，司法書士法，刑法，憲法の順番に復習していきました。11科目を頭から順番に勉強していけば，スムーズに勉強することができますし，前に進んでいる実感も持ちやすいです。では次から直前期に具体的に何をすべきかについてご紹介します。

■直前期のテキスト復習の目標とコツ

　テキストでの復習に関してですが，直前期は**11科目を最低3周復習することを目標にする**とよいと思います。最初の1周目は，ずいぶん前に学習した知識を掘り起こさなくてはいけないので，最低でも1ヵ月はかかるでしょう。11科目が終了したら，また民法に戻り，頭から順番に回していきます。2周目は1周目よりスピード感を持たせ，3週間程度で終わらせることを目標にします。そしてそれが終了したらまた同じように，民法からスタートさせます。テキストでの復習は最低3回は必ず行うべきですが，時間がある方は時間が許す限り，行うことをオススメします。このテキストでの復習の仕方のポイントとしては，次のイメージ図のように，徐々に回していくスピードを早くすることです。

> 直前期のテキストの復習の仕方

目標は11科目を最低3周させること

　　　1周目（1ヵ月）　　2周目（3週間）　　3周目（2週間）

■直前期の過去問復習の目標とコツ

　次に，択一式の過去問に関してです。択一式の過去問も科目別に解いていきます。11科目合わせると大体2,000問ちょっとの過去問を解くことになります。**択一式の過去問は，最低2周解くことを目標にするとよいでしょう。もし時間があれば，3周させたいところ**です。

　1周目は全部をじっくり解きます。2周目は×と△のものに絞って解きなおします。そして時間があれば，3周目に○のものを含めてすべて解きなおします。

> 過去問の解き方と目標

　目標：過去問を最低2周，できれば3周解く。
　 1周目 　すべての過去問を解く。
　 2周目 　×と△のものに絞り，解く。
　 3周目 　○であったものも含めて解く。

　1周目はじっくり丁寧に解く必要があります。1日に30問解くことができれば約2ヵ月で全科目の過去問を1周させることができます。2周目は×と△のものに絞り，解きなおします。そして3周目は○であったものを含めて解きなおします。この3周目に関してですが，1周目と同じように解くのではありません。どちらかというと，「解く」というより過去問を「読む」に近いです。ペン1本だけを持ちながら肢を1つひとつ読んでい

き，知識に漏れがないかを最終確認します。その中で不安なものだけチェックをつけておき，試験日の1週間前から前日までのどこかで再度確認できるようにしておくとよいでしょう。しかし，この3周目は，あくまでも時間に余裕があれば解く程度で大丈夫だと思います。

■直前期の記述式の復習の目標とコツ

最後に，記述式です。**記述式に関しては週に5回程度，本試験レベルの記述問題を解きます**。週に5問解けば本試験までに最低でも60問の記述問題に触れることができます。

記述式に関しては，できる限り頭がさえている朝にやることをオススメします。私は朝起きてすぐにやることは記述問題を解くことと決めていました。そして，**不動産登記法と商業登記法の記述問題を1問ずつ交互に解くとよいでしょう**。記述式の苦手な科目を強化するのもよいのですが，記述問題に関しては年度によって難易度が全然違うということも起こりえるので，不動産登記法も商業登記法もバランスよく勉強することをオススメします。

直前期の記述式問題の解き方

☐目標：週に5回コンスタントに解き，3ヵ月で60問解く。
☐不動産登記法と商業登記法の問題を交互に解く。

■「理解」できていないのか「記憶」できていないのか

正答率が低い問題に関しては，なぜできないのかを考える必要があります。その際に，考える軸として大切なことは，**理解できていないのか，記憶できていないのかをきちんと区別して考える**ことです。

もし，理解できていないのであれば時間をかけてその範囲のテキストを読み，理解しなおす必要があります。それでもわからない分野に関しては，

六法を引くなどして根拠となる条文を調べて理解することに努めます。ただ「記憶」していないだけであれば，その知識に触れる回数を増やし，すぐにでも知識を頭に入れなくてはいけません。記憶できていない知識に関しては，とにかくその知識に触れる時間を増やすしかありません。

> **まとめ** 正答率が低い問題に遭遇したとき
> □ 理解できていない箇所→ゆっくり立ち止まって理解しなおす。
> □ 記憶できていない箇所→知識に触れる回数を増やす。

2　模試や答練の活用術

■そもそも答練・模試を受けるべきなのか

　直前期になると答練・模試がスタートします。模試は本試験形式のもので1日かけて実施されます。答練は本番形式ではなく，科目別の答練や，午前の科目のみの答練など予備校によって形式が異なります。

　そもそも，答練や模試を受けるべきなのかといいますと，**正直，答練はそこまで重要度は高くない**と思います。もし，テキストの復習や過去問を解くので忙しいのであれば，答練を受けない，もしくは受けても午後の部の答練を数回受ける程度にとどめておくということでも問題ないでしょう。兼業受験生は時間が限られているので，すべてに手をつけようとはせずに，**不要なものをバッサリと切っていく勇気も大切**です。優先度としてはあくまでも，本試験に向けた復習が一番です。

　一方で，模試に関しては本試験形式のものになりますので，とても大切です。予備校の模試はその年の出題予想も兼ねていますので，受けることで大体のヤマを張ることもできます。模試はできる限り，自宅受験ではなく会場受験をすることをオススメします。

私の場合は，大手予備校の模試を計3回受験しました。4月に1回，5月に2回受験しました。6月は本試験まで1ヵ月を切っていましたので，知識の総仕上げに時間を割きたかったため，模試の受験は控えていました。

　模試は，予備校によって特色があります。午前の部が本試験問題に近い模試もあれば，午後の部が本試験問題に近い模試もありますし，あえて難しい論点ばかりを問う模試もあります。1つの予備校の模試ばかり受けていると，問題の傾向が偏ってしまう危険性があったので，各予備校の模試をバランスよく受けることを意識しました。

■模試の日のルーティーンを決める

　模試を受ける上で大切なことは高得点を取ることではありません。もちろん，高得点を出せるに越したことはないのですが，あくまでも本試験で高得点を叩き出せたらそれでよいのです。**模試はあくまで本試験に向けた予行演習を行う日**です。私は模試の日，自分自身の決めたルーティーンに沿って行動していました。朝起きる時間やその日にとる食事，着る衣服，モチベーションを上げるために聴く音楽まであらかじめ決めていました。持ち物も本試験に持っていく予定のものをすべて持参していました。司法書士試験では試験中でも化粧室に行くことができるのですが，どのタイミングで行くか，トイレでどんなストレッチを行うかまで決めていました。

　模試の日に大体のルーティーンを決めておくことで，本試験もそのルーティーンに沿って過ごすことができます。本試験でも普段通りに過ごすことができたら，平常心でいることができ，いつも通りの実力を発揮しやすくなります。本試験でどう行動するかを決めていても，なかなか思うようにできるものではありませんので，模試からその習慣を取り入れるとよいと思います。

> まとめ 私が決めた模試ルーティーン一覧

☐ 朝起きる時間
☐ 試験日に着るリラックスできる服装と靴
☐ 緊張を和らげるために聴く音楽
☐ 机の上に置く物の配置
☐ 問題を解く順番と時間配分
☐ 休憩時間の過ごし方
☐ 休憩時間にとる食事と飲み物
☐ トイレに行くタイミング

■様々な状況を想定してみよう

　答練・模試で試験を受けるルーティーンを確立させる以外にも、模試の活用方法としてオススメなのが、**模試の中で様々な状況想定を行うことです**。

　1つ目は、午後の部で時間が残されていないという想定です。序章でも述べたように、司法書士試験の午後の部は本当に時間が足りません。私は午後の部は、択一式問題を解いてから不動産登記法、商業登記法の順番で解いていました。設定していた時間配分は択一式に60分、不動産登記法の記述に60分、商業登記法の記述に60分でした。模試では「商業登記法の記述に入ったときに40分しか時間が残されていない状況」を想定して受けたことがあります。実際に40分でどの程度解き切ることができるのかを知ることができましたし、一度でもそんな状況を乗り切ったことが自信になりました。

　実際に、2023年の本試験では記述式の分量が非常に多く、商業登記法に入ったときに50分しか時間が残されていないという事態が起きました。もちろん、多少の焦りはありましたが、「大丈夫、この状況は以前もやった」と心を落ち着かせて問題を解くことができました。

２つ目に行ったのは，答案構成用紙が配られないという想定です。司法書士試験では，例年，問題用紙と解答用紙に加えて答案構成用紙が配られます。これはＡ４の白紙なのですが，受験生は答案構成用紙を使って情報を整理して，記述式での解答を固めていきます。答案構成用紙が配られるのは法務局側の受験生への配慮なのですが，これが配られなくなるという状況も想定しました。答案構成用紙が配られない場合は，試験問題のどこにどう情報をまとめるかを想定して，問題を解きました。

　３つ目に行ったのは，試験内容とは少し離れてしまいますが，試験会場で想定外のことが起きたという設定です。たとえば，思った以上に環境音が大きく，集中できない環境だったりすることです。本試験では席順は受験番号で決まってしまいますが，模試では基本的に席順は決まっておらず，自由に選ぶことができます。私はよく，人の出入りが多いドアの付近や環境音が聞こえやすい窓の近くなどを選んで模試を受けていました。集中力を阻害する要因があっても，試験と向き合う練習にもなったと思います。

　本試験では普段起きないと思っていることが起きます。実際に2023年の本試験では50分間停電して，試験が一時中断になった会場もありました。もちろん予想外のことが起きないのが一番ですが，最悪の事態に備えて準備をしておくに越したことはありません。

まとめ　私が模試で行った状況想定
- □設定していた時間よりもオーバーしていて残り時間が少ない。
- □答案構成用紙が配られない。
- □試験会場の環境が良くない。

■答練・模試の復習方法

　模試や答練の日に決めていたマイルールがありました。それは**「答練や模試の復習はその日のうちに，2時間以内で終わらせる」**ということです。答練や模試を受ければ，予備校の解説講義が特典でついてきます。私は基本的に，解説講義は視聴しませんでした。仮に視聴するにしても，2倍速で視聴すると決めていました。とにかく自分自身の勉強が最優先なので，答練や模試に復習の時間を費やすのはもったいないと思ったのです。

　では，2時間でどのようなことを復習していたかというと，テキストに記載のある知識で曖昧だったものに関してのみ，類似の過去問と照らし合わせて確認していました。テキストや過去問に記載がない知識に関しては，一切触れていません。記述式問題に関しては，解説を読みながら，正しい思考プロセスで登記の順番や登記内容を考えられているかの確認にとどめていました。

　答練・模試の復習で一番やってはいけないことは，出題された未知の知識を拾うことです。答練や模試で未知の知識が出題されるのは，その知識が重要だからではありません。未知の知識に遭遇しても，既知の知識のみで答えを導き出せるかを試されているのです。その意図から考えても，未知の知識を覚えたり，調べたりする必要はありません。

　まとめ　答練・模試の復習方法─────────────
　□復習はその日のうちに短時間で行う。
　□知らない知識は拾わない。

■答練・模試で失敗したときの気持ちの切り替え方

　模試で失敗してしまい結果が出ずに落ち込むことは，すべての受験生が遭遇する壁でもあると思います。私も実際に，本試験前の最後の模試にお

いて点数を大幅に下げてしまったことがあります。本試験まで1ヵ月半を切っていたタイミングだったので，本当に落ち込みました。「模試の結果が悪くても気にするな」と言われても，気にしてしまうのが人間だと思います。

　そこでどう気持ちを切り替えていくかですが，模試で失敗できることはラッキーだと思うことです。実際に，本試験で失敗するよりも模試で失敗をしておいたほうがいいですし，**模試で負った痛手は，その悔しさを忘れなければ本試験で必ず活かすことができます**。模試では，できる限りの失敗をしておくとよいと思います。**模試で失敗できることは本当にラッキーなことなのです**。むしろ，模試でずっと何も失敗せずに順調であることこそ，怖いことだと思います。

　私は模試での失敗を忘れないために，携帯の待ち受け画面をその模試の成績表にしていました。その悔しさを忘れずに，本試験ではその失敗を繰り返さないと，その画面を見るたびに心に誓いました。**自分自身の弱さを自覚しそれを受け入れることが，本当に強くなることへの始まり**なのだと思います。

まとめ　答練・模試での気持ちの切り替え方
□模試での失敗はラッキーだと思うこと。

3　直前期は毎日完全燃焼する

■直前期の意識の持ち方

　私が受験生のときに感じたことなのですが，**直前期は受験生の勉強からの離脱率が一番高い時期**です。何かしらの理由で勉強を辞めてしまう人が一番多くなるのです。数日だけ勉強から離れてしまう人もいますし，勉強

が間に合わずに合格目標年度を次の年に延期する人もいます。家庭の事情や体調面の事情など，人には人の事情があるわけですから，それも1つの正解だと思います。

ただ，勉強が嫌になって受験から離脱するのは絶対に避けるべきだと思います。この時期は，**何が何でも諦めずに前に進む覚悟を持たなくてはいけません**。周りが勉強を辞めていく時期でもありますので，諦めずに勉強を続けるだけで，合格にぐっと近づくことができます。

私は直前期までは，淡々と毎日を歩んできました。それは走ることにたとえると，同じペースで走り続ける長距離ランに近いものでした。直前期からは，長距離ランではありません。**毎日フルマラソンを全力で走るのです**。私の直前期の目標は毎日を完全燃焼することでした。実際に，毎日ボロボロになるまで走り，倒れ込むように眠りについていました。そして次の日には無理やり復活する，その繰り返しでした。

■毎日自分の全国順位を意識し，振り返りを行う

私は直前期には，寝る前に1日の振り返りを必ず行っていました。内容としては「今日の勉強の反省点」と「明日の目標」です。この毎日の振り返り作業を行うことで，直前期の1日1日を大切に生き抜くことができたと思っています。振り返りの最後には，自分自身の受験生としての全国順位を決めていました。これは，模試の結果や点数だけのことではありません。今日1日，**司法書士試験受験生として自分自身が与えられた環境の中で最大限に努力できたかどうか**で，自分をランク付けしていました。もちろん，この順位付けは客観的な数字やデータに基づいて行っているものではなく，あくまで私の主観です。では，なぜこんなことを行っていたかというと，直前期は，最後の最後まで順位が入れ替わる期間であることを意識するためです。直前期になると「この試験は最後の最後まで順位は入れ替わり続ける」という言葉を耳にすると思います。試験を終えて感じることは，本当にその通りで，特に直前期から試験終了時刻まで順位は入れ替

わりますし，合格者も入れ替わります。その意識を持つためにも，こういった振り返りを行っていました。今日はよくやり抜いたなと思う日は自分自身を上位にランクインさせ，あまり頑張れなかった日はランキングを落としていました。ランキングが落ちてしまった日には，次の日に挽回させようと努力することもできたので，この習慣は私にとってはとてもよかったです。

　自分自身の順位を常に意識することは，時に自分自身を追い込んでしまう可能性もあります。それでも，3ヵ月間の直前期だけだと割り切り，毎日自分自身の全国での順位を意識していました。

4　メンタル対処法

■フィジカルとメンタル両面で自分を労わる

　直前期は，フィジカルとメンタルの両面で厳しい戦いになります。週末は模試や答練などもありますし，勉強時間もこれまでより増やさなくてはいけません。どうしても疲労感が抜けませんし，直前期のプレッシャーでメンタルが揺さぶられやすくなります。そういったとき，どうするかもあらかじめ決めておくとよいと思います。

　私は，メンタルが限界を迎えそうなときは，外で勉強するようにしていました。普段は自宅で勉強していましたが，限界を迎えそうなときは図書館やコワーキングスペースで勉強していました。図書館やコワーキングスペースには目標は違えども，頑張る仲間がいたので，その仲間の背中を見て勇気づけられていました。とてもよい気分転換になったと思います。

　他にも，近所の自然が豊かな遊歩道などを散歩しながら音声学習をして気持ちを切り替えていました。直前期は春の風が気持ちよく，気候も丁度よいのでそれがよい気晴らしになっていました。それ以外にも，答練や模試の日は食べたいものを食べる日と決めていて，食事は必ず好きなものを

食べるようにしていました。とても小さなことですが，この小さなご褒美が明日を生きる活力にもなりました。直前期は小さなご褒美を随所随所に用意しておくと，少しは気持ちが楽になると思います。

　メンタル面だけではなく，体力面のケアも大切です。私は，体力回復のためにも，週に1回マッサージに通っていました。それまでの受験生活中に通うことはなかったのですが，直前期に関しては，マッサージに通うことも自己投資の1つだと割り切っていました。直前期はこれまで以上にメンタルとフィジカルを管理することが大切です。

■メンタルがきついときはあえて自分に酔いにいく

　どんなにメンタル面をケアしていても，直前期はメンタルがきつくなるものです。それは，真剣にこの試験に向き合っている証であると思います。

　直前期に私が行っていたメンタルがきついときの乗り越え方ですが，ドラマの主人公になりきるというものでした。このマインドの持ち方は直前期を乗り切るのにとても有効的でした。

　つらい気持ちを忘れることはできませんし，目を背けようと思っても難しいのがこの直前期です。そこで，**ドラマの主人公になりきって毎日を過ごし，どんなに辛くても頑張っている自分にあえて酔いにいく**のです。

　ドラマの最終話は大体がハッピーエンドで終わります。ただ，ハッピーエンドになるまでに様々な苦難に遭遇します。特に最終話の1話前なんかは物語の佳境なので，主人公は窮地に追い込まれます。

　私は，ドラマの主人公になりきることで，直前期に遭遇する苦難や逆境をハッピーエンドに向けた1つのスパイスであると前向きにとらえることができました。

■合格体験記を書いておこう

　合格前に，合格体験記を書いてみることをオススメします。特に，やる気が出ないときはとても効果的です。じっくり書くのではなく簡単で構い

ません。書く内容としては，受験生生活の初期，中盤，終盤にどういう想いで，どう頑張ってきたのか，そして，合格した自分から受験生へのアドバイスです。合格者になりきることで，自己暗示をかけ，目標達成を促すのです。想像した合格体験記を現実化させるためには何が必要なのかを考えて行動できるようになります。

　私も実際に，直前期に短い合格体験記を書きました。合格体験記を書くことで，合格はすぐそこなんだと実感することができましたし，最後まで今年の合格にこだわり続けようと思うことができました。

> コラム　この時期遭遇した壁の乗り越え方

頻繁なエネルギー切れ

　直前期は，体力的に非常に厳しい戦いでした。もちろん精神的な部分もかなり厳しいと感じる日々でした。特に模試がある日は，1日のうち5時間も試験を受けていますし，模試といってもある程度は緊張感があるので，帰宅すると倒れこみそうなほどに疲れていることがありました。それでも，重い腰をあげて模試の復習を行わなくてはいけません。

　この時期は，あまりの疲労感に何度もエネルギー切れを起こしていました。エネルギーが切れては，栄養ドリンクを飲み，なんとか立て直して勉強をしますが，結局はその場限りの応急処置に過ぎないので，疲労は蓄積される一方でした。少しでも休んだら周りに置いていかれてしまう恐怖も同時に感じており，走る足を止めることはできませんでした。

　そんなときに，いつも自分の頭の中に思い浮かんでいた言葉があります。この言葉は先輩から教えて頂いた言葉なのですが，「自分が苦しいときはライバルもまた苦しい」という言葉です。疲れたとき，もう勉強なんか辞めてしまいたいと泣きそうになったとき，私はいつもこの言葉を思い出していました。そして，全国にいるライバルたちに想いを馳せたのです。おそらく，ライバルたちも今苦しいはずだと。そう思うと，1人ではないんだと自然と力が湧いてきたのです。

　直前期，おそらく苦しいことが沢山あると思います。そんなとき，なんとか踏ん張る力が受験生としての強さだと私は思うのです。そこで踏ん張るだけで，受験生の中で上位に入れるはずです。なぜなら，苦しいときにはほとんどの人が辞めることを選んでしまうからです。最後の最後まで合格することにこだわり，踏ん張り続ければ合格は必ず手に入ると思います。

松本講師のアドバイス

上位4〜5％の努力

「振り返りの最後には，自分自身の受験生としての全国順位を決めていました。これは，模試の結果や点数だけのことではありません。今日1日，司法書士試験受験生として自分自身が与えられた環境の中で最大限に努力できたかどうかで，自分をランク付けしていました。」

こういった話は，初めて聞きました。本文に記載のあったとおり客観的に判断することはできませんが，この意識は重要ですね。毎日の勉強は自分との戦いですが，試験は他人との戦いでもあります。司法書士試験は相対評価の試験ですので，受験生の中で相対的に上位4〜5％に入れたら合格できます。直前期は特に，「上位4〜5％の努力をできているか」を考えるとよいと思います。

「メンタルがきついときはあえて自分に酔いにいく」
「自分に酔う？」と思うかもしれませんが，直前期はこれくらいでいいです。それくらい，直前期はメンタルにきます。試験が迫れば迫るほど，不安が大きくなってきます。それは，合格レベルに達したからなのですが，本人は相当キツいです。不安はなくならないので，それをどう捉えるかが大事になります。「ドラマの……最終話の1話前……主人公は窮地に」と考えるのは，まさにどう捉えるかです。物事を捉え直すことを「リフレーミング」といいます。事実（ここでは不安を感じること）は変わらないので，自分に都合のいいようにリフレーミングしてください。

第 5 章
超直前期と決戦日
試験1週間前

1　より最速で全科目を回転させて知識の穴を埋めよう

■最後の1週間のスケジュールは細かく立てる

　最後の1週間はこれまでと異なり，細かくスケジュールを立てていました。兼業受験生の方は，この1週間はなるべく会社に事情を話し，仕事をお休みするなど環境を整えることが望ましいと思います。

　私は最後の1週間で全科目のテキストを速読で1周し，最後の知識の総点検と，覚えられていない知識の詰め込みを行いました。記述式に関しては，出題予想がされている分野に絞りました。もし，仕事を休めずにあまり時間がない方は，記憶できていないテキストの箇所およびマイナー科目・出題予想論点に時間を割くとよいと思います。この時期何をやるかですが，「とにかく点数に繋がりやすい分野」を判断基準に決めます。今年必ず出るといわれている論点や短期記憶で勝負できるマイナー科目は点数に直結しやすい分野なので，最後の詰め込みには最適だと思います。

　まとめ　1週間でやること
　□全科目のテキストを速読で1周することが理想
　□「点数に繋がりやすいもの」を判断基準として持つ。

■生活リズムと食生活も意識する

　最後の1週間は生活リズムと食生活を整えました。生活リズムに関しては本試験当日に起きる時間を起床時間にしていましたし，毎晩同じ時間に就寝していました。また，昼食を食べる時間や休憩を取る時間も本試験に合わせていました。この1週間は身体のリズムを本試験に向けて調整していました。

　そして，食生活に関してですが，「辛いもの」「生もの」「脂っこいもの」

を避けていました。よく願掛けに「かつ丼」を食べますが，これは避けなくてはいけません。できるだけ消化のよいものを意識して食事を選択するとよいと思います。飲み物に関しても，冷えすぎたものは避け常温のものを飲むようにしていました。

　最後の1週間は体調管理をしっかり行わなくてはいけません。おそらく，試験当日まで多くの方が長い間，無理をしてきたと思います。ラストスパートの時期にその疲れが来ないように，最後まで身体を労わってください。特にご自身の**健康に自信がある方こそ，より慎重に体調管理をすること**をオススメします。

■毎日寝る前に，試験当日をイメージトレーニングし，戦闘力を上げる

　最後の1週間，夜寝る前に必ずやっていた習慣があります。それは，本試験の朝から試験が終わるまでの1日の流れを頭の中でイメージトレーニングすることです。事前に1日を頭の中でイメージトレーニングしておくと，本試験当日，過度に緊張することを避けることができます。私は，試験を受けて実際に問題を解いている場面までイメージしていました。

　特に一番やっておいてよかったなと思ったのは，わからない知識が問われたときにどう気持ちを落ち着けるかを頭の中でイメージトレーニングしておくことです。**本試験では，必ず初見の知識が出てきます**。試験は常に私たち受験生の心を揺さぶりにかかるものですので，それは絶対に起きえることなのです。

　私は，初見の問題が出たときに深呼吸をし，「大丈夫，この会場にいる人も全員わからない」と心の中でつぶやいていました。「ここまで勉強したんだ，それでもわからないんだから仕方ない」と開き直ることも多かったです。このシーンを何度もイメージトレーニングしておきました。

　実際に私が受験した本試験でもわからない知識は問われました。しかし，イメージトレーニング通り，深呼吸をしてパニック状態を抑え上手に対処

することができました。

2　会場を徹底的に分析しよう

■受験会場の選び方

　司法書士試験は，住んでいる場所に関係なく，全国の好きな会場の中から受験地を選ぶことができます。私は，東京在住ですが受験会場に選んだのは静岡県でした。理由としては，静岡県はホテルが試験会場であったからです。年度によって，会場は変わることがあるので注意が必要です。
　ホテルであれば，そこのホテルに試験前から宿泊をすれば，当日は遅刻する心配もありませんし，昼休み休憩をしにホテルの部屋に戻ってこれると思いました。また，地方会場は受験者数が少なくて快適だと推測していました。
　私は静岡県の試験会場のホテルを5日間押さえ，5日前から受験地で生活していました。5日間にしたのは，5日間宿泊することで，**戦いの場を自分のホームグラウンド化させようと思ったから**です。やはり，人間ですのでアウェーな環境では実力を発揮しづらいものです。ですが，5日間そのホテルに宿泊し，その環境に馴染めば，すぐにホームグラウンドになりますし，リラックスして試験を受けることができると思いました。
　また，ホテルの方にお願いして，試験会場から最短距離で戻れる部屋に

宿泊していました。これは，本試験当日，1分1秒でも無駄にしたくないという想いからでした。

　司法書士試験での受験会場の選び方はとても大切です。全国での受験会場は15ヵ所ありますが，**都心よりも地方受験がオススメ**だと思います。都心の会場は受験生が多く，会場の広さに余裕がないということもありえます。受験生が多い会場では横に3人並んで座るために，真ん中の席になった場合は，化粧室に行きづらいなどといった不便さもあります。ただ，試験会場が発表されるのは本試験が行われる年の4月なので，前年の会場を参考に大体の候補を絞っておくとよいでしょう。

　また，**本試験会場には試験の行われる1週間前の同じ曜日・同じ時刻にできるだけ足を運んだほうがよい**と思います。電車を使う方であれば，当日乗る予定の電車の時刻と同じ電車に乗り，混雑具合なども事前に見ておくとよいでしょう。本試験会場に行ったら，試験会場の雰囲気や，化粧室や自動販売機の場所なども確認しておくと安心です。

　私は，5日前から，本試験会場であるホテルに前乗りしていましたので，毎朝その会場に行き，「○○日後私はここで試験を受けて合格する」と願掛けを行っていました。

まとめ　受験会場
□受験者数が少ない受験会場を選ぶ。
□受験会場を自分自身のホームグラウンドにする。
□試験1週間前の同じ時刻に試験会場まで足を運び，下見をする。

■昼休みに何をするかを決めておく

　司法書士試験では午前と午後の部の間に1時間30分の昼休みを挟みます。午後の部は序章でもお伝えした通り，この試験の正念場の3時間となります。この3時間で自分自身の最大限の実力を発揮しなくてはいけません。

午後の3時間のために，**昼休みはいかに心と身体を休められるかがポイント**になります。

　私は，試験会場であるホテルに宿泊していたので，昼休みは自室に戻りました。自室に戻り，お気に入りの入浴剤を入れたお風呂に15分間入り，食事をとってから20分間仮眠を取りました。そして最後に，午後の部のテキストと記述式の間違いリストを確認してから会場に戻りました。

　今振り返っても，この昼休みの過ごし方が，最高の選択であったと思います。午前の部の疲れを癒し，午後の部は絶好のコンディションで迎えることができました。そのお陰でもあったのか，午後の部では自己ベストの点数をとることができました。

　ホテルに戻って仮眠を取るといった対策は一部の会場の受験生しかできないかもしれません。しかし，**温かいアイマスクをつけて仮眠を取る**，**冷却シートをおでこにつけて頭をクリアにする**，**肩と腰のストレッチを行う**などは，誰でも取り入れることができる対策です。昼休みを活用して，午後の部に向けてコンディションを整えることをオススメします。

3　試験前日・当日の過ごし方

■前日の夜の過ごし方

　試験の前日をどう過ごすかですが，早めに勉強を切り上げることをオススメします。**夜遅くまで勉強することは絶対に厳禁**です。19時までに勉強を済ませ，食事をとり早めにベッドに入るとよいでしょう。

　そして，前日は緊張でなかなか眠れないということもあると思います。でも，眠れないからとテキストを開き，知識の確認をするのは避けましょう。それだけで脳を疲れさせてしまうからです。

　前日の夜にあまり眠れないまま試験を受けたとしても，合格した受験生は多くいます。眠れないときもあまり重く考えずに，「仕方ない」と割り

切って目だけはつぶって，脳と身体をしっかり休ませましょう。

■会場への携行品および服装

　本試験会場に持っていくべき持ち物を以下にまとめました。まず，筆記用具です。司法書士試験では，択一式に関してはBまたはHBの鉛筆，記述式に関してはボールペンでの解答が求められていますので，鉛筆とペンを余分に用意しておくとよいでしょう。

　飲み物に関してですが，試験中はキャップ付きのペットボトル飲料を1本のみ机の上に置き，試験中に飲むことが可能です。缶やビンなどは持ち込み不可なので気をつけなくてはいけません。私の場合は，ペットボトルを3本ほど持参しました。午前の部用・午後の部用・予備の分で，計3本です。

　目薬・点鼻薬やハンカチに関しても，机の上に出しておくことが可能です。ハンカチに関しては，ペットボトル飲料の水滴を拭く用に置いていましたが，ハンカチにアロマオイルを垂らしておくなど工夫をしました。

　会場に持ち込む教材に関しては，持ち込むのはできればテキストやノート1冊，多くでも数冊でよいと思います。よく試験会場に全科目のテキストを持ち込む人もいますが，手持ちのテキストが多いと「あれも見なきゃ」，「あの知識ってなんだっけ？」と余計に頭を混乱させる要因になりかねません。自分自身の頭の中を整理するためにも，持ち込む教材は最低限でよいでしょう。

　服装に関してですが，できるだけリラックスできる服装で行くことが望ましいです。また，試験日は7月とはいえ，室内が冷房で冷えている可能性もあるので，厚手のパーカーを1枚用意しておくとよいと思います。私はパーカーに加えて，膝にかけるブランケットを持参しました。いつも勉強中に使用していたブランケットを持参し，緊張を少しでも和らげる努力をしました。

> **持ち物リスト**

- ☐ 受験票
- ☐ BまたはHBの鉛筆　10本程度
- ☐ 鉛筆削り・消しゴム
- ☐ ペン・ラインマーカー
- ☐ 時計（ただしスマートウォッチを除く）
- ☐ ペットボトル飲料
- ☐ ハンカチ
- ☐ 目薬・点鼻薬
- ☐ テキストやノート（コンパクトにする）
- ☐ チョコレートなどのお菓子

■試験当日の緊張感とどう向き合うか

　試験当日，必ず緊張すると思います。受験生の中で緊張せずに当日を迎える人はいないといってもいいほどです。「緊張した場合はどうしたらいいのか」とよく聞かれるのですが，**緊張感は自分自身の敵ではなく味方だと考えることが一番だ**と思います。適度な緊張感は自分自身のパフォーマンス力を上げるものです。緊張感は常に自分の味方だと思うことで，過度に緊張することは避けられます。

　私も，実は緊張しやすいタイプなので試験の1週間前から緊張していました。そのときに，友人に緊張していることを打ち明けたら，「それは緊張じゃなくて，武者震いだよ」と笑い飛ばしてくれました。その言葉を聞いたら，緊張感が一気に吹き飛びました。緊張しているからといって気負う必要は全くありません。本試験では，緊張さえも味方につける心意気があればよいと思います。

■問題用紙が配られてから試験の合図があるまでにできること

　試験問題が配られてから,試験開始の合図があるまで,何分間か何もしない時間があります。机には未開封の問題冊子と解答用紙だけがあります。教材はすべてカバンの中にしまっているので,最後の知識確認もできません。この試験開始の合図があるまでの時間も有効活用すべきです。

　私は,午後の部では記述式の解答用紙を見て「今年は不動産登記法の分量が多そうだし,いつもとは形式を変えてきているな」などと想像していました。実際に,私の合格年度である2023年は不動産登記法の記述問題は分量も多く,少し形式を変えた問い方がされました。事前にそれを覚悟しておくかどうかで試験中の気の持ちようが変わるので,是非受験生の方には目の前にある問題冊子の分厚さや解答用紙から,問題を想像することを取り入れてほしいと思います。

　他に,この時間には精神統一を行っていました。机の前で目をつぶり心を無にして深呼吸を数回することで,集中力を高めていました。

> **まとめ** 試験開始の合図までにできること
> □試験内容や分量を想像する。
> □集中力を高めるための精神統一

4　午前の部のコツ

■午前の科目と解く順番とタイムマネジメント

　午前の部は,択一式35問で時間制限は2時間です。出題範囲に関しては本書の序章を再度参照して頂ければと思います。

　そして,**解く順番ですが,オススメなのは民法→会社法→刑法→憲法の**

順番です。この出題科目4科目の中で1番点数につなげやすいのは民法です。民法の親族法などに関しては単純知識問題も多いためです。なので，民法から解き始めます。そして，最後に憲法を持ってきたのにも理由があります。それは，憲法は学説問題や解くのに時間を要する穴埋め問題が出題されるからです。一番解きやすい民法から始めて，時間がかかる憲法を最後に持ってくる作戦です。試験では，できるだけ解きやすい科目から解くことをオススメします。よいスタートダッシュを切ることができれば，そのまま波に乗れるからです。

　午前の部の解くスピードに関しては，1問3分が目安です。3分を過ぎてしまったら，そこにマークをつけていったん先に進みます。1問3分で解き終われば，見直しの時間を15分設けることができます。午前の部に関しては，時間切れを起こすことはまずないといっていいでしょう。

まとめ　午前の部の解き方
- □1問3分を目安に解く。
- □解きやすい民法から解くとよい。

■肢の切り方と曖昧な選択肢を「放置」する勇気をもつ

　本試験においても，過去問を解いたときと同じように下線を引きながら選択肢を読みます。どう下線を引くかに関しては，本書の第2章を参照してください。そして，選択肢ごとに○×？をつけていきます。○は正しい肢，×は間違っていると思う肢，そして？は考えてもわからない問題や見たことのないものにつけます。**この時に大切なのは曖昧な知識のものは○か×かで答えを出さずに？のマークをつけて放置することです**。特に知っている言葉が含まれている選択肢はよく考えればわかってしまう気がしますし，推測で答えを出そうとしたりするかもしれません。このように**受験生を戸惑わせる肢のことを私は「地雷肢」とよんでいました**。この試験に

は，地雷肢がいくつか出てきます。しかもその地雷肢は通常の知識のフリをして試験問題の中に紛れ込んでいます。そこをきちんと放置して，確実に知っている選択肢から答えを出すのです。正しい選択肢を選ぶことのできる知識を知っているか否かも大切ですが，曖昧な選択肢で無理やり答えを出さない勇敢さが正答率を確実に上げます。

> **まとめ** 肢の切り方
> ☐選択肢は〇・×・？で分類する。
> ☐この試験には受験生を戸惑わせる「地雷肢」があることを知っておく。
> ☐曖昧なものに関しては無理に正誤判断を行わずに放置する。

5 午後の部のコツ

■午後の部の解く順番とタイムマネジメント

　午後の部は，35問の択一式問題と商業登記法・不動産登記法の記述式の2問で，制限時間は3時間です。択一式問題から解くか，記述式問題から解くかは，戦略的に考えなければいけません。択一式を解いてから記述式に移る人がほとんどでしたが，記述式から入る人も中にはいます。私は択一式から入り，そのあとに記述式を解いていましたが，択一式に関しては解く順番を工夫していました。

　択一式に関しては，マイナー科目（1問〜11問目）を先に解き，そのあと商業登記法（28問〜35問），そして最後に不動産登記法（12問目〜27問）を解きました。**マイナー科目に関しては，1問目から解くのではなく，11問目から1問目にさかのぼるようにして解きました**。午後の部の1問目は民事訴訟法ですが，民事訴訟法に関しては難しい知識を問われる傾向があります。午後の部でいきなり，知らない知識を問われる問題から解い

てしまうと，リズムが崩れかねません。ですので，1問目から解くのではなく，11問目から1問目にさかのぼる形で解くのです。

そして，マイナー科目のあとは商業登記法です。不動産登記法では登記記録問題や登録免許税の計算問題など時間がかかるものが出る可能性が多いためこれは最後に回して，商業登記法から解き始めます。そして最後に不動産登記法を解き，記述式に入りました。記述式は不動産登記法，商業登記法の順番で解きました。

時間配分に関してですが，**マイナー科目（1問目から11問目）を1問1分，それ以外の商業登記法・不動産登記法は1問2分で解きました**。この時間配分でいくと60分以内に解き終えて，記述式に移ることができます。

記述式に関しては，不動産登記法から解くことをオススメします。記述式の不動産登記法は，枠ズレ（申請順序を間違えること）が起きる危険性があるので申請順序を慎重に検討しなくてはいけません。商業登記法は，不動産登記法に比べて致命的なミスは起こりにくく，時間が残されていなくても，与えられた情報をそのまま解答用紙に書くという最終手段が使えます。時間がなくてもどうにかなる可能性が高いのは商業登記法であり，それを最後に残しておくことが賢明だと思います。

> **まとめ** 午後の部の解き方
> □マイナー科目は1問1分，それ以外は1問2分で解く。
> □解きやすいマイナー科目を後ろから解く（11問目から1問目にさかのぼる）。
> □記述式は失点のリスクが高い不動産登記法から解く。

■午後の部で厳守すること

午後の部では時間厳守を徹底していました。特に択一式では，「あと少しで答えにたどり着けそう」というときほど，その1問にしがみつきたくなるので，その気持ちをぐっと堪えて，時間が来たら次の問題に進みまし

た。択一式では常に時間を守る意識を持つことが大切です。択一式に時間を取られて記述式の解答を埋められなかったという事態は避けなくてはいけません。この試験は択一式と記述式それぞれで「基準点」を出さなくてはいけないので，択一式に時間を使いすぎてしまうと記述式が基準点に届かないというリスクが生まれます。時間切れになった問題があれば，マークをつけて，記述式が終わった後に見返していました。

次に，**「冷静でいること」**を徹底していました。一番気をつけなくてはいけないのが，焦っているときよりも，問題を解いていて意外とスラスラ解けてしまっているときです。スラスラ解けてしまうと，「これはいけるかもしれない」と気分が上がり，いつもなら見逃さない部分を見逃してしまう可能性があります。私は，マークシートにマークする数秒の間に気持ちを落ち着かせるようにしていました。とにかく，試験中は過度に焦ったり，過度に気分を上げることは厳禁です。

午後の部で厳守すること

□自分自身で設定した時間を必ず守る。
□問題を解いている時は冷静に。

■午後の部では選択肢をすべて読まない

午前の部では，1問3分で答えを出せばよいのですべての選択肢に目を通すことができました。午後の部では1問1～2分で答えを出さなくてはいけないため，全肢に目を通すことは不可能です。

ではどうするかというと，**5つの選択肢の中から軸となりえる選択肢を2つ～3つ読み，そこを軸に解答を出すのです。**実際に2つ～3つしか選択肢を読まずに解答を出すことは可能なのかというと，可能です。

下記は令和5年度司法書士試験の午後の部の第6問，民事保全法の問題です。私は下記の問題ではエとオの肢しか読んでいません。エとオが正し

い知識であるということが判断できれば，解答は3と絞ることができます。

> **第6問** 民事保全に関する次のアからオまでの記述のうち，誤っているものの組合せは、後記
> 1から5までのうち、どれか。
> ア 仮差押命令は、金銭の支払を目的とする債権について、強制執行をすることができ
> なくなるおそれがあるとき、又は強制執行をするのに著しい困難を生ずるおそれがあ
> るときに発することができる。
> イ 裁判所は、保全すべき権利が金銭の支払を受けることをもってその行使の目的を達
> することができるものであるときは、仮処分命令において仮処分解放金の額を定めな
> ければならない。
> ウ 保全命令に関する手続については、債権者であっても、保全命令の申立てに関し口
> 頭弁論若しくは債務者を呼び出す審尋の期日の指定があり、又は債務者に対する保全
> 命令の送達があるまでの間は、裁判所書記官に対し、事件の記録の閲覧を請求するこ
> とができない。
> エ 保全命令の申立てについて、口頭弁論を経ないで決定をする場合には、理由の要旨
> を示せば足りる。
> オ 保全命令は、債権者にも送達しなければならない。
> 1 アエ　　2 アオ　　3 イウ　　4 イオ　　5 ウエ

　少ない肢で解答を絞り込むコツは，絶対に選択肢は上から読まないことです。まず読む肢は，①一番文章が短い肢，②選択肢をざっと見たときに，得意そうなキーワードがある肢，そこから読みます。上記の第6問はエとオが短い肢だったのでそこから読んだら，すぐに答えを出すことができたのです。もちろん最初に読んだ肢が未知の知識であれば，他の選択肢を検討しなければいけないので結果的に3肢以上読んでいたということもあります。

　次に示すのは令和5年の第31問目，商業登記法の問題です。この問題をざっと見たときに最初に読んだのは選択肢ウです。選択肢が一番短く，「成年後見人」というキーワードを見て解けそうだなと瞬時に判断したからです。ウが×という判断ができたので，解答はウとエの4か，ウとオの5ということになります。

第5章 超直前期(試験1週間前)と決戦日

第31問 株式会社の役員の変更の登記等に関する次のアからオまでの記述のうち、**判例の趣旨に照らし誤っているもの**の組合せは、後記1から5までのうち、どれか。

ア 定款に定める取締役及び代表取締役の員数が取締役3名及び代表取締役1名である取締役会設置会社において、代表取締役である取締役が死亡し、残りの取締役2名が出席した取締役会の決議によって後任の代表取締役を選定した場合には、後任の代表取締役は、前任の代表取締役の死亡による変更の登記と後任の代表取締役の就任による変更の登記を申請することができる。

イ 監査の範囲が会計に関するものに限定されている監査役を置いている取締役会設置会社において、取締役及び監査役の全員が出席した取締役会の決議によって代表取締役を選定した場合には、代表取締役の就任による変更の登記の申請書には、当該取締役会の議事録に押印された出席した取締役又は監査役の印鑑と変更前の代表取締役が登記所に提出している印鑑とが同一であるときを除き、当該取締役会の議事録に押印された出席した取締役及び監査役の印鑑につき市町村長の作成した証明書を添付しなければならない。

ウ 成年被後見人を取締役として選任した場合は、取締役の就任による変更の登記の申請書には、当該成年被後見人の同意書を添付することを要しない。

エ 取締役の員数について定款に会社法の規定と異なる別段の定めのある会社において、会社法第112条第1項の規定により、ある種類の株式の種類株主を構成員とする種類株主総会において取締役を選任する旨の定款の定めが廃止されたものとみなされたときにする当該定款の定めの廃止による変更の登記の申請書には、定款を添付しなければならない。

オ 株主総会において解任された取締役について、辞任を原因とする取締役の変更の登記がされている場合には、会社は、当該登記の抹消を申請することができる。

(参考)
会社法
　第112条　第108条第2項第9号に掲げる事項(取締役に関するものに限る。)についての定款の定めは、この法律又は定款で定めた取締役の員数を欠いた場合において、そのために当該員数に足りる数の取締役を選任することができないときは、廃止されたものとみなす。
　2　(略)

1　アイ　　　2　アエ　　　3　イオ　　　4　ウエ　　　5　ウオ

　そこでエとオを見たときに、オのほうが選択肢が短いのでオから読んで解答を5に絞りました。もし1問2分の制限時間内であれば、念のためエ

105

の肢も検討します。

　このように午後の部では，いかに少ない選択肢で答えを出すかが重要になります。そのためにも，どの選択肢から読むかを普段から考えるようにしておくとよいでしょう。

> **まとめ** 午後の部での選択肢の読み方
>
> □選択肢は上から読まない。
> □選択肢は一番短い文章または得意そうなキーワードがあればそこから読む。

■やってはいけない試験中のNG項目一覧

　試験中，やってはいけないことがあります。**1つ目に，いつもと違うやり方で問題を解くことです**。これはどういうことでしょうか。

　択一式⇒記述式の順番で解くと決めて，模試でもそのやり方で行っていた場合は，必ずそのやり方を守ることが大切なのです。本試験では，気持ちが高まっているので，「いつもと違うやり方でやってみよう」などとひらめくかもしれません。**しかし，本試験において信じるのはひらめきよりも，これまで積み重ねた自分のやり方です**。

　2つ目に，午前の部の出来を昼休みや午後の部に持ち越すことです。午前の部の採点を昼休みに行ったり，午前の部で出題された論点に関して気になって調べてしまうことなどは絶対にNGです。本試験は目の前にある問題1つひとつに向き合っていかなくてはいけないので，終わったものに関しては考えないのがベストだと思います。

> **本試験でのNG項目**
>
> □いつもと違うやり方で問題を解くこと
> □午前の部の出来を持ち越すこと

第5章　超直前期（試験1週間前）と決戦日

■最後の1秒まで「土俵」に立ち続ける

　この試験で大切なことは，最後の1分1秒まで諦めずに土俵に立ち続けることです。直前期，講師の方や先輩方から何度も聞いたのは「最後まで諦めてはいけない」という言葉でした。その言葉の意味は頭ではわかっていましたが，その真の意味を理解したのは，本試験会場で問題を解いているときでした。

　やはり本試験は想定外のことが起こる場です。私が受けた本試験では，添付書面の記載方法が変更になっていましたし，不動産登記法では受験生が面食らうような論点が出題されました。試験時間中，何度も「もうだめかもしれない」という感覚に陥りました。この気持ちは模試では味わうことのないものであり，本試験ならではのことです。これまで，本気でこの試験に向き合ってきたからこそ，試験中は様々な感情に襲われました。

　試験中，何度も「もうだめだ」，「諦めたい」，「無理かもしれない」という負の感情が襲ってくると思います。**その気持ちを必ず打ち消して土俵に立ち，どうか戦い続けてください。**

　私も数えきれないほど，その感情を押し殺して試験と向き合ってきました。高順位で合格できたので意外に思われるかもしれませんが，本試験中，何度も焦りや不安に襲われました。そのたびに少しだけ深く呼吸をして「大丈夫，大丈夫」と自分に言い聞かせていました。おそらく，試験会場にいる全員が同じ気持ちになっていると思います。この試験では最後は精神力も試されます。本書の読者の皆さんには，強い気持ちでこの試験と戦っていただきたいと思います。

■最後にこれだけは確認する

　試験終了1分前に必ず確認すべきことは，「氏名・受験地・受験番号の記載漏れがないか」「マークミスがないか」この2点です。この2点を確認し忘れた場合，いくら自己採点で高得点を取っていたとしても，合格発

表までの3ヵ月間モヤモヤしたした気持ちで過ごすことになってしまいます。とても基本的なことですが，時間がなくてできない人も案外多いです。

　氏名に関しては，マークシート，記述式の各解答用紙の計3点で確認します。そして，最後にマークミスを確認します。これは自分自身が出した解答とマークシートのマークを照合させるだけなので，すぐに終わるでしょう。

まとめ 最後に確認すること
- □氏名・受験番号・受験地の記載漏れがないか。
- □マークミスがないか。

松本講師のアドバイス

本試験の準備

「試験会場のホテルを5日間押さえ，5日前から受験地で生活」
「ホテルの方にお願いして，試験会場から最短距離で戻れる部屋に宿泊」
「試験会場であるホテルに宿泊していたので，昼休みは自室に戻りました。」

　ここまで準備をして本試験を迎えた方を知りません。おそらく，歴代の合格者の中で，トップクラスの準備だと思います。まったく同じことは，仕事やご家族の関係などでできない方もいると思います。しかし，働きながら総合13位で一発合格される方はここまで準備するんだということを知ることで，意識を高めることができると思います。ここまではできない方向けにおすすめされている，「本試験会場には試験の行われる1週間前の同じ曜日・同じ時刻にできるだけ足を運」ぶ，「温かいアイマスクをつけて仮眠を取る」といったことは，実践できると思います。

「緊張感は自分自身の敵ではなく味方だと考える。」
「適度な緊張感は自分自身のパフォーマンス力を上げる。」

　こう考えられると理想的です。緊張しないようにするのは不可能です。人生がかかっている試験ですし，合格レベルに達したからこそ緊張します。そこで，緊張するのは当たり前という前提にし，それをどう捉えるかを考え，緊張を味方にしていきましょう。緊張して手が震える，文字が頭に入ってこないといった状態にならなければ，緊張は悪いことではありません。また，そういった状態になっても，その状態は長くは続きません。しばらくすると，必ず手の震えは止まりますし，文字も頭に入ってくるようになります。

　午前択一式，午後択一式，午後記述式の解く順序などの紹介がありましたが，これはすべて私もおすすめしている方法です。今の試験の解き方の最適解だと思います。人それぞれ得意科目や苦手科目がありますので，まったく同じにする必要はありませんが，紹介された解き方をベースに自分向けにカスタマイズすることをおすすめいたします。

第 6 章

誰でもすぐ実践できる勉強法

1　ホワイトボード勉強法

■ホワイトボードの活用で情報へのアクセス回数を増やす

　私は，受験中にホワイトボードをよく活用していました。ホワイトボードを5枚くらい買い，部屋のありとあらゆる場所に設置するのです。ホワイトボードには，記憶できていない知識や比較の表などを書いていました。

　ホワイトボードを活用するメリットとしては，**1つ目に頭の中を整理しやすい**という点です。ホワイトボードに知識を書き出すことは知識のアウトプットの1つでもあります。書き出すことで情報を整理し，理解し，記憶することに繋がります。

　2つ目に，紙と比べて文字が大きいので嫌でも目に入るという点です。大きい字はインパクトもあり，記憶に残りやすいでしょう。

　3つ目は，すぐに消すことができるので，非常に使い勝手がよい点です。もう覚えたなという知識はすぐにホワイトボードから消して，新しい知識を書き込むことができます。

　このように，ホワイトボードは勉強と非常に相性がよいものだと思います。私はホワイトボードをいろいろな場所に設置していました。配置場所は必ず1日に1回は目をやる場所にしようと考えていたので，勉強机の上，トイレ，お風呂場，食事をするテーブルの前，ベッドに置いていました。

　そして，ホワイトボードを設置した場所では必ず立ち止まって，知識を記憶できているかの確認作業をしていました。たとえば，お風呂に入る前にお風呂場においてあるホワイトボード上の知識を確認します。そして，お風呂に入りながらその知識をブツブツと唱えて記憶するのです。他にも，歯磨きをしている最中や，お風呂上がりに髪の毛を乾かしている最中などにもホワイトボードで知識確認を行っていました。

　ホワイトボードは最近では100円ショップで気軽に手に入れることができますし，非常に効果的な勉強方法ですのでオススメです。

第 6 章　誰でもすぐ実践できる勉強法

▶食事中も見られるように

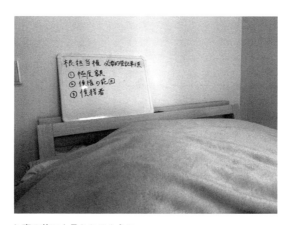

▶寝る前にも見られるように

2　過去問から定番のひっかけ肢を読み解く

■過去問には必ず定番のひっかけ肢が存在する

　テキストと過去問は必ずリンクさせるというのは資格試験でよく聞く勉強方法だと思います。では，どうリンクさせるかですが，私は**過去問でよく問われる王道の「ひっかけ」ワードをテキストに直接書き込んでいました**。

　具体的な例を挙げて説明したいと思います。民法の物権の範囲で留置権というものがあります。債務者の物を留置するときは，留置権者には善管注意義務というものがあります。債務者の物なので，高度な注意義務が課されるというわけです。そして，留置権者がこの善管注意義務に違反した場合，債務者は留置権者に対し，留置権の消滅を請求することができます。この知識はＡランクの知識です。そして，この知識は「留置権者の留置権は当然に消滅する」というひっかけの形で，問題が出やすいです。そこで，過去問を解いたときに，テキストに「ひっかけ：当然に消滅する×」と書き込むのです。

　他にも，民法総則では，胎児が例外的に権利能力を有するとされる事項の３つがよく問われます。不法行為による損害賠償請求，相続，遺贈の３つが権利能力を有するとされている事項ですが，贈与や遺産分割というひっかけの選択肢が過去問で出題されています。このときはテキストに「ひっかけ：贈与　遺産分割×」と書き込むのです。

　このように，問われやすいひっかけの選択肢をテキストに書き込むことで，テキストを読むときにどんな角度で問題が出されるかを確認することができます。また，ひっかけの肢を作成しやすい論点に関しては試験でもよく狙われますし，出題者としては出題がしやすい部分です。ひっかけのワードを書き込むことで，丁寧に記憶することを意識できるようになります。

3 プレゼンテーション勉強法

■苦手分野はプレゼンテーションでアウトプット

　一番の勉強法は人に教えることであるというのは，よく聞いたことがあると思います。実際に，アメリカ国立訓練研究所から出されたラーニングピラミッドでは，学習効率の中で「他の人に教える」学習効果は90％以上に及ぶとされています。

　実際に司法書士試験で勉強した内容を誰かに説明したり教えたりする機会があればよかったのですが，それはなかなか難しい環境だったので，**私は苦手な分野に関しては机に向かいながら目の前に誰かがいると仮定して，よくプレゼンテーションをしていました。**外から見ると少し怪しいですが，人形を置いて，それに向かってプレゼンテーションをしていました。私は，会社法・商業登記法の「組織再編」が非常に苦手でしたので，このプレゼンテーション勉強法を取り入れていました。**この勉強法は深い理解が必要な論点との相性がよいと思います。**

　では，どのようにプレゼンテーションを行っていたかということですが，最初はテキストを見ながら，テキストの内容を自分自身の言葉に置き換えて説明しました。まだ知識もあやふやなので，最初のステップはテキストをなぞる形でプレゼンテーションをしました。

　そして，第2段階では，重要なキーワードのみを紙に書き，それを見ながら説明できるようにします。そして最終段階は，何も見ずに説明できるようにします。私は時々，自分自身の説明している音声を記録し，どこで言葉に詰まりやすいかを洗い出していました。

　このプレゼンテーション勉強法のコツですが，きちんと声に出して説明すること，そして身ぶりや手ぶりをつけることが大切です。身体を動かしたほうが記憶に残りやすいからです。他にも，紙に図表を書くなど手を動かしながら説明するのも非常に効果的だと思います。

プレゼンテーション勉強法は１人でできる勉強法です。何も見ずに説明できる状態まで持っていけたら長期記憶として頭に残るので，とてもオススメの勉強法です。

> **まとめ** プレゼンーション勉強法─────────────
> □深い理解が必要な論点との相性がよい。
> □説明するときは声を出し，身ぶり手ぶりもつけるとより記憶に定着しやすい。
> □録音して，聞きなおすことで自分自身の弱点に気づくことができる。

プレゼンテーションをする想定で説明する

4　タイムアタック勉強法

■テキストと過去問に時間制限を設ける

　兼業受験生は勉強時間がとにかく限られています。私には，「あと３時間後には眠らなくてはいけないけど，民法のテキストを１周させたい！」といったようなことが時々ありました。そんなときに取り入れていたのが，このタイムアタック勉強法です。具体的にどういうことかというと，**テキストを読むときに，いつもの自分のペースで読むのではなく１分経過したら強制的に次のページに進むという勉強法**です。アプリなどで指定した間隔でアラームが鳴るものがあるのでそれを設定し，アラームが鳴ったら時

間厳守で次のページに進みます。この勉強法には，①試験で必要な速読力を鍛えることができる，②短時間で科目の全体像を把握できる，③情報の取捨選択をする力を養うことができる，などのメリットがあります。

このタイムアタック式勉強法はテキストを読む以外でも使えます。私は一問一答本をやるときも，1問につき30秒と時間を決めて，数時間で200〜400問を解いていました。自分自身にタイムプレッシャーを与えることで集中力を研ぎ澄ませ，短時間で大量の知識に触れることができていました。このタイムアタック勉強法は，模試の前日で時間があまりないときなどによく行っていました。

1ページ
1分で次に進む

■ランク別にテキストを高速回転させる

テキストを回転させるときに，ランクに関係なく，すべての知識を復習することが理想ではあります。しかし，**なかなか時間が取れない場合はとにかく一番重要なAランクの知識のみを拾ってテキストを読むとよい**でしょう。1周目はAランクの知識のみを拾うので，非常に早く1周させることができます。そして，Aランクの知識のみで1周させたら，次はA，Bランクのみを拾ってテキストを読み，最後はCランク知識も含めてテキストを読みます。

このランク別でテキストを回す勉強方法の最大のメリットは基礎知識を固められる点です。司法書士試験ではA，Bランクの知識を完璧にしておくことが非常に重要です。

一度ですべてのランクの知識に触れる読み方をすると，案外Aランクのものを落としてしまうなんていうこともあります。しかし，ランク別にテ

キストを読めば，どこがAランクなのかをいつもより意識しやすくなりますし，Aランクの知識に触れる回数も多くなるので，基礎知識をしっかりと自分のものにすることができます。

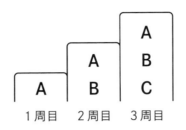

まとめ ランク別テキストの回転のやり方
- □1周目⇒Aランクのみ
- □2周目⇒A・Bランクのみ
- □3周目⇒A・B・Cランクすべて

5　目次勉強法

■目次で知識の横断整理

　皆さんはテキストの目次を活用していますか？　テキストで開きたいページを探すときに目次を活用する方がほとんどだと思います。しかし，目次は知識を横断整理するのに非常に役に立つツールです。目次はその科目の地図でもあるのです。

　私が行っていた目次勉強法は，目次だけを見てそれに関連する知識をアウトプットする方法です。次に示すのは私が使用していた民法総則のテキストの目次です。この目次を見ながら，言葉の意味や意義を思い出し，できる限り多くの知識を想起させていました。短時間で効率的に科目の流れ

目　次

第1編　民法の世界 …………………………………………………… 1
第1章　民法が規定する世界 ……………………………………… 2
1 民法は「財産法」「家族法」の2つからなる ……………… 2
2 財産法が規定する取引社会とは？ ………………………… 4
3 物権と債権の違い …………………………………………… 5
第2章　物権の基本 ………………………………………………… 8
1 物権の対象である物（客体）とは？ ……………………… 8
2 物権はいつ移転する？ ……………………………………… 8
3 不動産と登記 ……………………………………………… 11
4 動産と引渡し ……………………………………………… 14
第3章　債権の基本 ………………………………………………… 16
1 債権と債務は表裏一体 …………………………………… 16
2 債権（債務）の発生原因は？ …………………………… 17
第4章　特定承継と包括承継（一般承継） ……………………… 22
1 特定承継 …………………………………………………… 22
2 包括承継（一般承継） …………………………………… 22
第5章　債権者平等の原則 ………………………………………… 24
1 債権者平等の原則 ………………………………………… 25
2 一般債権者を押しのける担保権者 ……………………… 25
第6章　債権担保の方法 …………………………………………… 27
1 物的担保と人的担保 ……………………………………… 28
2 物上保証とは？ …………………………………………… 29
第7章　「どっちがかわいそうか」もある …………………… 30

▶出典：『司法書士試験　リアリスティック1　民法Ⅰ』（辰已法律研究所，2021年4月）

第2編　総則 …… 31
第1章　私権についての基本原理 …… 32
1. 公共の福祉（民法1条1項） …… 33
2. 信義誠実の原則（信義則。民法1条2項） …… 33
3. 権利濫用の禁止（民法1条3項） …… 35

第2章　人（主体） …… 36
第1節　権利能力 …… 36
1. 意義 …… 36
2. 権利能力を有する者 …… 37
3. 権利能力の始期と終期 …… 38
4. 主体（メンバー）が行方不明となったら …… 42
5. 権利能力なき社団 …… 54

第2節　意思能力 …… 59
1. 意義 …… 59
2. 効果 …… 60

第3節　行為能力 …… 61
1. 行為能力全般のハナシ …… 61
2. 未成年者 …… 62
3. 法定後見制度（成年被後見人・被保佐人・被補助人） …… 68
4. 制限行為能力者の相手方の保護 …… 80

第3章　物（客体） …… 86
1. 「物」とは？ …… 86
2. 不動産と動産 …… 87
3. 主物と従物 …… 90
4. 元物と果実 …… 91

第4章　法律行為 …… 93
1. 権利義務の変動（法律関係の変動） …… 93
2. 要件と効果 …… 93
3. 法律行為とは？ …… 95
4. 準法律行為 …… 98

第5章　意思表示 …… 99
第1節　意思表示全般のハナシ …… 99
1. 意思表示とは？ …… 99
2. 意思表示の効力発生時期 …… 100

をつかめることが大きなメリットであると思います。

　他にも，テキストを1冊読むときは目次をコピーして横においていました。そして，どこを読んでいるかを目次と照らし合わせながらテキストを読みました。細部を細かく勉強していると，その科目の中のどのあたりを勉強しているのか大枠を忘れがちです。そんなときに目次を見返すと，自分自身が今どのあたりを勉強しているかもすぐにわかるので，大枠を把握するのにも非常に効果的だと思います。

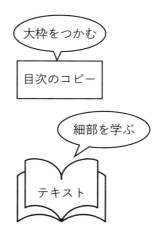

テキストで細部を勉強しながら，目次で大枠を確認する

6　図表の効果的暗記方法

■図表を効率的に覚える

　私は図表を覚えるのがとても苦手でした。図表の記憶の仕方がわからなかったので丸暗記している部分が多かったように思います。しかし，丸暗記ではなかなか定着しないので，次のプロセスで表を丁寧に記憶するようにしたところ，頭から知識が抜け落ちにくくなりました。

① まず，表の**テーマ**を覚えます。下の表では地上権，永小作権，地役権の3つがこの表のテーマになります。
② 次に**比較事項の数とその内容**を押さえます。この表では比較事項は6つあるので，6という数字を記憶し，その次に目的・利用料などの内容を1つずつ記憶します。
③ そして上記を設問として，表を見ずに頭の中で**自問自答**できるようにします。

この自問自答の作業を寝る前などに行って頭の中で想起させることで，表を丸ごと覚えることができます。**このように表を分解し，自分なりの一問一答形式にするのが私が実践していたやり方**です。

	地上権	永小作権	地役権
目 的	工作物または竹木を所有すること (民法265条。P152)	耕作または牧畜をすること (民法270条。P161)	設定行為で定めた目的 (民法280条。P164)
利用料	地代―マストではない (民法265条, 266条。P153の2.)	小作料―マストである (民法270条。P161の2.)	対価―マストではない (民法280条。P165の2.)
存続期間	制限なし (永久地上権も可。P154 (1))	20年以上50年以下 更新可 (民法278条。P162 (1))	制限なし (永久地役権も可。P166の3.)
譲渡・転貸禁止特約の登記	不可 (不登法59条, 78条参照。P156の3.)	可 (民法272条ただし書, 不登法79条3号。P162の1.)	不可 (不登法59条, 80条参照)
対抗要件	登記 (民法177条。P156の4.) ※借地借家法10条1項の建物の登記でも可 (Ⅲのテキスト第7編第5章第3節[1]1.(2)(b)で扱います)	登記 (民法177条。P163の3.)	登記 (民法177条。P169 (1)) ※登記がなくても対抗できる場合あり(最判平10.2.13, 最判平25.2.26)
物権的請求権(※)	物権的返還請求権 物権的妨害排除請求権 物権的妨害予防請求権 (P155～156の2.)	物権的返還請求権 物権的妨害排除請求権 物権的妨害予防請求権	物権的妨害排除請求権 物権的妨害予防請求権 (P170～171の4.)

▶『司法書士試験 リアリスティック1 民法Ⅰ』(辰已法律研究所，2021年4月)

7　ひとり合宿勉強法

■受験生活を楽しく乗り切る

　受験生活中，何度か長期の休みがあるかと思います。お盆やゴールデンウィーク，年末年始などの期間です。それらの長期休みは受験生ですので出かけずに勉強しなくてはいけません。周りが楽しそうにしているのに，1人で勉強するのはとても気が滅入ります。そこで，私は，長期休みはテーマを決めてよくひとり合宿を開催していました。

　「打倒会社法！　会社法に強くなるお盆」といった感じで，合宿中は毎日図書館に通うなどしていつもと違うことをしていました。やっていることは，普段と場所を変えて勉強しているだけなのですが，テーマを決めることでちょっとしたイベントみたいに感じられ，わくわくしながら長期休みを過ごせたと思っています。

　年末年始の休みには，「除夜の鐘を聞きながら，憲法の統治条文ノック」なども行っていました。このような環境の中で覚えた知識は記憶にも残ります。勉強から逃げることはできないので，せっかくなら楽しもうと思う気持ちも長い受験生活を乗り越えるには大切です。

松本講師のアドバイス

採り入れたい勉強法

　ホワイトボードは，他のリアリスティック一発合格 松本基礎講座の一発合格者の方（働きながら合格されました）も使っていました。その方の使い方は，河島さんと同じように記憶できていない箇所をホワイトボードに書き，それをスマホのカメラで撮影して仕事の休憩時間などに見て，記憶したら消すというものでした。皆さんも，ホワイトボードを購入して勉強に役立ててはいかがでしょうか。

　プレゼンテーション勉強法，これも是非採り入れていただきたいです。理解・記憶に役立つことが明らかな方法です。ただ，説明を聞いてくれる相手がいらっしゃる方は，あまりいないと思います。そこで，河島さんが実践されたように，誰かが目の前にいる前提で話してみてください。話す内容は，講師のように正確な説明である必要はありません。自分自身の言葉（ex.「物権は誰に対しても主張できる強い権利だから，種類があんまりなく……」）で構いません。

　タイムアタック勉強法は，面白いですね。過去問を時間を測って解く方は多いですが，テキストの1ページにかける時間を強制的に決めてしまう方は，あまりいません。学習初期段階では，時間を気にされる必要はありませんが，試験が迫ってきたら，その時期の自分に最適な時間を考え，タイムアタックを行ってみるのもよいと思います。

司法書士試験を終えて

難関資格取得は人生を変えるのか

　この本を最後までお読みいただき，ありがとうございました。

　本書を執筆しているのはちょうど桜が咲く４月。今日は，桜が満開になり，ぽかぽかとした暖かい春の陽気を感じられる１日です。ちょうど１年前の今頃といえば，直前期が始まったばかりで，桜を見る心の余裕はなかったなと懐かしく思います。

　よく，司法書士資格を取得して人生が変わったのかと聞かれます。正直なところ，まだ人生は変わっていません。司法書士試験の合格は新しい夢へのスタート地点に過ぎないからです。私は，合格後も変わらずに仕事を続けていますし，受験をする前に送っていた日常生活に戻りました。あの嵐のような日々が本当は夢だったんじゃないかと疑いたくなるほど，これまで通りの生活に戻ったのです。

　人生は変わりませんでしたが，大きく変わったことがあります。それは，見えている景色です。日々，生きていく中でどんな逆境に遭遇しても，「私は司法書士受験生だったあの日々を乗り越えられたんだから，どんなことが起きても大丈夫」と思えるようになったのです。

　すごく小さなことかもしれません。それでも，司法書士試験を乗り越えたという自信と誇りが，目の前のどんな景色も輝かせてくれています。それだけでも，本当に合格してよかったなといつも思うのです。

　他にも，司法書士試験を通じて，素晴らしい仲間に出会えました。たった１人で始めた受験勉強でしたが，合格というゴールにたどり着いて周りを見渡したとき，そこには素敵な仲間がいました。新しい人との出会いは自分自身の中に新しい価値観をもたらしてくれるので，世界がぐっと広がったなと思います。

司法書士試験に働きながら挑戦するということは，簡単なことではありませんでした。諦めなくてはいけないことも本当に多かったですし，悩むことも沢山ありました。それでも得られたものを考えると，司法書士試験は私にとっては，人生に必要な"経験"であり"試練"であったと思います。

　受験生の皆さんも様々な想いを抱えて奮闘していらっしゃることでしょう。今は苦しいと感じる経験それ自体が，人生の宝物となる日が必ずやってくると思います。だから，どうか合格という目的地に向かって，諦めずに最後まで走り抜けてほしいです。そして，そんな合格の旅路の途中で，少しでもこの本が役に立っていれば幸いです。
　すべての受験生に心からのエールを送ります。

河島弥生

【監修者紹介】

松本 雅典（まつもと まさのり）

司法書士試験講師。All About司法書士試験ガイド。法律学習未経験ながら，5ヵ月で平成22年度司法書士試験に合格。それまでの司法書士受験界の常識であった方法論と異なる独自の方法論を採ったことにより合格した。

現在は，その独自の方法論を指導するため，辰已法律研究所にて，講師として後進の指導にあたる（「リアリスティック一発合格 松本基礎講座」を担当）。合格まで平均4年かかる現状を超短期（4～7ヵ月）で合格することを当たり前に変えるため，指導にあたっている。

なお，司法書士試験に合格したのと同年に，宅建試験・行政書士試験も受験し，ともに一発合格。その翌年に，簡裁訴訟代理等能力認定。

著書『リアリスティックテキスト』シリーズ（辰已法律研究所）など。

【著者紹介】

河島 弥生（かわしま やよい）

2016年横浜市立大学国際総合科学部卒業。

高校時代にはアメリカ留学，大学時代には韓国留学を経験。卒業後は留学経験を活かし，海外に関連する大手企業に入社。2021年法律知識がゼロの中，働きながらリアリスティック一発合格 松本基礎講座ロングスタディコースにて司法書士試験の勉強を開始。月に120～150時間の勉強を続け，勉強開始後1年半で2023年度司法書士試験に総合13位で一発合格を果たす。

「孫氏の兵法」を受験戦略に当てはめ司法書士試験を徹底分析。松本講師からは「司法書士試験を10回受けても9回受かる」との評価を得る。

好きな食べ物は梅干し。

司法書士試験　仕事を辞めずに一発合格する方法

2024年9月15日　第1版第1刷発行

監修者　松　本　雅　典
著　者　河　島　弥　生
発行者　山　本　　　継
発行所　㈱中央経済社
発売元　㈱中央経済グループ
　　　　パブリッシング

〒101-0051　東京都千代田区神田神保町1-35
電話　03（3293）3371（編集代表）
　　　03（3293）3381（営業代表）
https://www.chuokeizai.co.jp

印刷／㈱堀内印刷所
製本／㈲井上製本所

Ⓒ 2024
Printed in Japan

＊頁の「欠落」や「順序違い」などがありましたらお取り替えいたしますので発売元までご送付ください。（送料小社負担）
ISBN978-4-502-51491-3　C2032

JCOPY〈出版者著作権管理機構委託出版物〉本書を無断で複写複製（コピー）することは，著作権法上の例外を除き，禁じられています。本書をコピーされる場合は事前に出版者著作権管理機構（JCOPY）の許諾を受けてください。
JCOPY〈https://www.jcopy.or.jp　eメール：info@jcopy.or.jp〉